HIPS MEN and WOMEN

INTIMATE RELATIONS of

男人想要女人該懂的親密關係

吳若權

目錄——

PART A

Accommodative

彼此願意調適，樂於照顧對方的情緒

PART B

Behavior

共同遵守紀律，一起愛出好品格

I love you xx

PART C

Confirmable

堅定愛的信念，確認善的動機

〔自序〕愛戀，有質感的親密關係

無論女人的能力可以獨立到什麼地步，
她的心底都還是渴望被呵護、被照顧。
男人不必在乎自己真正的實力如何，
只需要表現願意付出的真誠，女人就會被他感動。

看著剛購物完畢之後來會合的女子，提著大包小包的化妝品和服飾，男友直覺她又花很多冤枉錢，故意疑惑地問：「為什麼上帝要女人變美麗的同時，也讓她變得很笨？」

她不甘示弱地反擊：「**女人變得美麗，才會有男人愛上她；女人變笨，她才會愛上男人！**」

我坐在咖啡館等朋友時，無意間聽見這對戀人的伶牙俐齒的對話，猜想他們應該是網路笑話看多了，隨時鬥嘴都可以把那些經典短句派上用場，在生活中增添一點幽默，只要不是愛抬槓而鬧到吵架的地步，彼此挖苦對方，就當作是生活的潤滑劑，沒妨礙到別人就好。

不過話說回來，「究竟女人、男人，誰比較聰明、誰比較笨？」的話題，千古以來都是辯論不休的爭議。不過，真正聰明的女人，是最會裝傻的。

例如，當她被男伴問：「剛剛買這麼多東西，妳總共花了多少錢？」類似這種問題，她的回答通常是：「我是個很迷糊的人耶，都忘了看清楚標籤，就要店員幫我包起來！」「我頭腦不好啦，沒有仔細算！」「唉，真糟糕，謝謝你提醒我，等信用卡帳單來再說囉！」

只有自以為精明、實際卻很笨的女人，才會對男人直說：「你那麼關心，是怎樣？要幫我付錢嗎？」「我花我的錢，關你什麼事啊？」「我有叫你幫我出錢嗎？」以上三種回答方式，雖然都是實情，說了卻讓彼此關係變得緊張，甚至是嚴重傷害彼此感情。只要女人還想跟這個男人在一起，會盡量避免這些不必要的摩擦。

當然，也是因為這男人沒長眼，才

會提出這樣的問題，既然沒有意思要幫女人付錢，就不該問價錢。就像很多人見面時，還會依循著舊社會的傳統，見面就問對方：「吃飽沒？」除非你想要請他吃飯，否則他若回答：「還沒有耶，好餓喔！」豈不是很尷尬。

女人比較感性，男人相對理性

除了笑話之外，網路上還流傳著很多類似「現代歇後語」的幽默短句，例如：

「男人陪女友購物，搶著埋單；丈夫陪老婆購物，先看帳單！」

「吃完晚餐，女人如果覺得浪漫，男人勢必感到浪費！」

「享受美食之後，女人留著菜單，男人留著帳單！」

「女人覺得得到愛情真可貴；男人認為得到愛情可真貴！」

林林總總，來自不同觀點的說法，不外乎透露一個「男女大不同」的事實：關於花錢，女人比較感性、男人比較理性。而其中還有一個沒有被點破的關鍵：女人都是在花男人的錢。這個說法，與事實不盡相符。很多女人比男人有錢，而且寧願花自己的錢，也不想看男人的臉色。

所以，容我大膽假設，會寫出這些幽默短句的作者，大部分都是活在舊世代的男人，才會有此感嘆；要不然就是常被舊世代男人欺負的女人，才會如此受傷。

上述這幾句類似「現代歇後語」的幽默短文，其實正好可以用來做心理測驗，如果讀完之後的感覺，是：（A）**女人很可憐**：表示你可能在經濟上被虧待過；（B）**男人很可憐**：表示你對錢很看重；（C）**男人很可惡**：表示你渴望獨立的經濟能力；（D）**女人很可惡**：表示你在感情上被虧待過。

輕熟女婉真讀過之後，很不以為然地表示：這些短句根本不配稱為「現代歇後語」，只能說是舊世代大男人主義自以為是的餘毒。現代女性多半都有自己賺錢的能力，何必要看男人臉色？享受美食之後，可以自己保留菜單，簽帳完畢就丟掉帳單。

抱持不同態度的美娟，本身是中型企業的財務部門小主管，卻說：「不行喔，就算我有錢，也要留著自己花；跟男人出去，就是該花他的錢。保留菜單要浪漫，是我本來就該有的權益；他要心疼

看帳單，那是他的自由。」

現代女性的消費態度，各有不同的理念，或許連她們自己都難以達成共識，男人就更加手足無措了。不過，無論女人的能力可以獨立到什麼地步，願意花自己賺的錢到什麼程度，她的心底都還是渴望被呵護、被照顧。男人不必在乎自己真正的實力如何，只需要表現願意付出的真誠，女人就會被他感動，願意真心和他同甘共苦。例如：男女一起外出購物時，女人準備埋單的時候，男人若能閉上嘴巴，眉頭不皺一下就拿出皮夾，在此關鍵時刻表現慷慨，就可以聰明地換到一輩子的幸福。前提是：他要夠有錢、她要真有心！否則，兩個人就是互相詐騙對方了。

女人愈是積極進取，男人就表現得愈退縮

最近這幾年來，我多次受邀在台灣、新加坡、上海、北京、成都……等地，擔任兩性聯誼活動的溝通顧問，也很榮幸在沈春華小姐主持的電視節目《愛情敲敲門》長期擔任愛情顧問，近身觀察亞洲

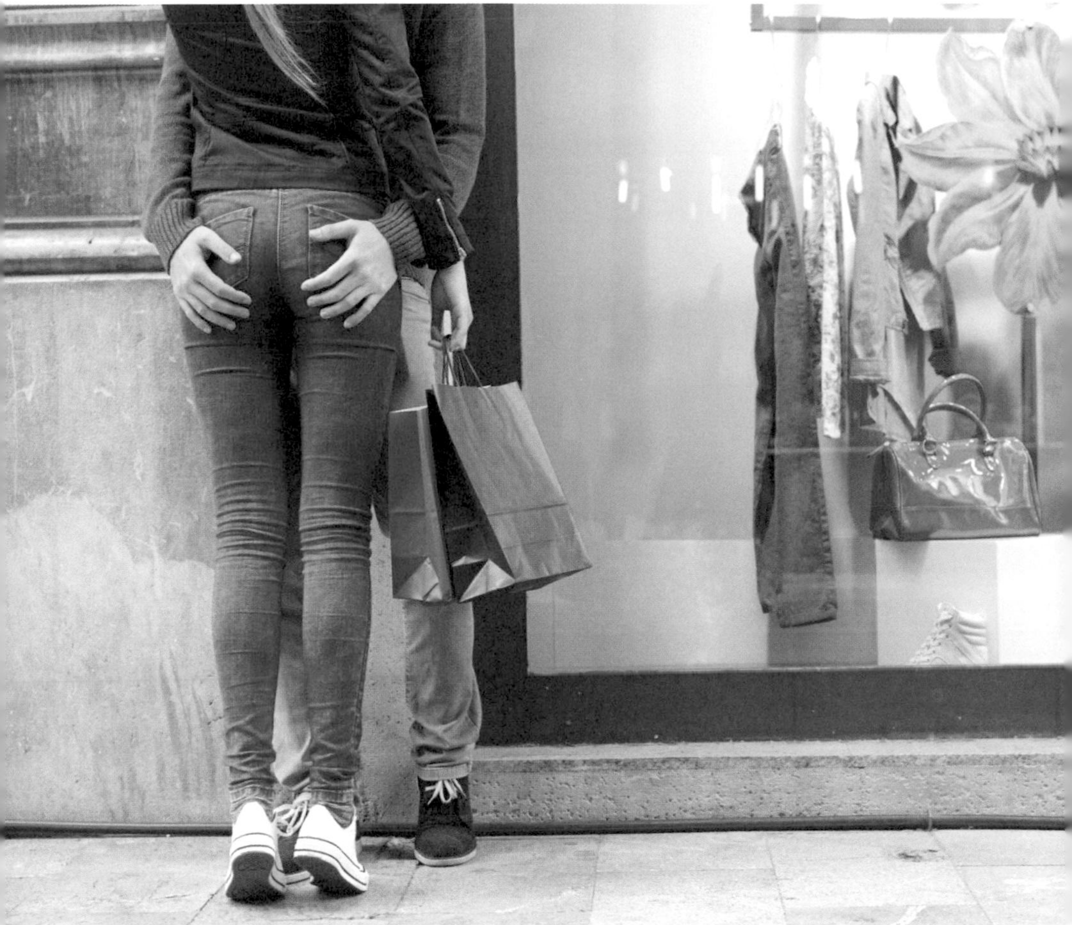

各地男女對感情價值觀的反應，我發現：隨著社會經濟的快速發展，兩性平權觀念的日益普及，女人不論在生活、工作和感情，確實擁有更高的自主權，但卻更容易覺得迷惘和孤單。

她們很想知道男人究竟在想什麼？然而，男人卻沒有因為女性積極的溝通態度，而敞開心胸去面對，反而因為面對優秀的女性感到壓力太大，變得有點退縮。

很多人問我：男人在怕什麼？

你猜呢？男人究竟在怕什麼？怕男人的地位不保、怕女人比他強、怕自己被剖析得太透明……其實，答案沒有那麼複雜。現代男人，跟古時候的男人沒兩樣，他們只是怕——麻煩。

如何在可以不麻煩男人的前提下，讓兩性有更容易親近的機會了解彼此？這是我創作《男人想要、女人該懂的親密關係》這本書的動機，希望透過日常的案例，歸納幾個兩性最想了解彼此的觀點，以客觀的立場，做出公平的解析與建議。但願能夠因此而幫助讀者釐清內心的疑惑，讓男女雙方可以相處得更親密。

我在《男人想要、女人該懂的親密關係》中，提出獨創的「幸福ＡＢＣ主張」，認為一段品質良好的感情，必須符合ＡＢＣ三個特質為要件：**A代表的是Accommodative，彼此願意調適，樂於照顧對方的情緒；B代表的是Behavior，共同遵守紀律，一起愛出好品格；C代表的是Confirmable，堅定愛的信念，確認善的動機。因為信任與放手，而擁有更多的愛與幸福。**

《男人想要、女人該懂的親密關係》是我出版的第九十九號作品，獻給天下對愛情仍有熱烈渴望與虔誠信仰的多情人，能夠找到最鍾愛的伴侶，並且守護彼此，幸福久久。

odative

A
PART

彼此願意調適，樂於照顧對方的情緒

讓我們好好在一起！

如果明明在愛中，卻感到恐懼不安，
必定是彼此的了解還不足夠。

每一次的付出，並不會讓你短少什麼，
因為，正確的愛是會愈給愈多。

當你明白，他真正要的是什麼？
就會愛得輕鬆，像呼吸般自由。

Accomm

女人喜歡搞曖昧？

是否因為自己喜歡曖昧的感覺，
女人才會深陷其中不可自拔呢？
當愛情開始萌芽之初，
如果男方態度不明，將會更激發女性好奇心。

在舉辦校園活動時，羽荷認識剛退伍到公關公司服務的學長哲清。她對他有好感，主動釋放善意。以發簡訊、傳Line方式嘘寒問暖，還約他吃飯喝咖啡。

對方不置可否，回答的語氣是很開心的，但實際的反應卻是不斷推遲見面的時間。

羽荷愈是搞不懂他的態度，愈想弄清楚他對她有沒有意思。整天花心思在策畫如何和他互動的劇本，連她都覺得自己彷彿在玩捉迷藏的遊戲，只不過痛苦和快樂並存於你來我往的過程中。

「女人，喜歡搞曖昧！」這句話若出自男方之口，恐怕很多女性朋友會搖頭反對。然後，嗤之以鼻地回敬：「是男人才喜歡搞曖昧吧？」

到底是誰最愛搞曖昧呢？

的確，通常我聽到的都是不小心讓自己墜入情網的女人，黯然地抱怨說：「真搞不清楚他在想什麼？」「不知道他的態度究竟是怎樣？」「煩死了，他到底有沒有喜歡我啊？」

相對地，很少男人會有這些疑惑。

男人碰到對他有好感的女生，會表現出很「龜毛」的樣子

其中的關鍵在於，現代年輕女生站在愛情大門的面前，比較不會刻意假裝去表現「欲拒還留」的態度。

當她不愛時，生怕若浪費時間約會，辜負對方的好意，不如趁早拒絕；當她愛上時，會把握時間，和對方好好相處。所以，她的態度給男人的感覺是比較確定的，就像電腦程式的設定非「1」即「0」。

當男人碰到對他有好感的女生，反而比較會表現出很「龜毛」

的樣子。如果情況是「落花有意，流水無情」，他就怕拒絕太快的話，會傷害到對方的自尊心。倘若他想試著交往看看，卻會因為對方太主動而遲疑。

狩獵是男人原本的天性，當他反過來發現自己將被捕捉時，會有退縮的反應。這也就是日本文化中，所謂「草食男」時代的男人特質。

邏輯推論到這裡，當女人深受曖昧所苦時，表面上看起來都是男人的錯，女人卻忘了往深一層的道理去想：會不會是因為自己喜歡曖昧的感覺，才會掉進痛苦的漩渦？

如果能夠練就一種本事，在男人態度尚未明朗之前，絕不讓自己動心，就根本不會因為對方曖昧而難過，不是嗎？

是否因為自己喜歡曖昧的感覺，女人才會深陷其中不可自拔呢？

來自美國哈佛大學的一項研究，似乎可以提供科學的佐證。這項研究調查指出：當愛情開始萌芽之初，如果男方態度不明，將會更激發女性好奇心。

換句話說，女性對於求愛態度模稜兩可的男性，比較感興

趣，反而對那種「一拍兩瞪眼就決定交往與否」的男生，沒有太多幻想。

女人，喜歡會搞曖昧的男人！

究竟誰才是始作俑者呢？

與其說是男人喜歡搞曖昧，不如說女人更樂於享受模糊的關係！

或許，就是在人類長期演化的過程中，男人已經學會這個模式，知道如何激發女人的興趣，才會特別擅長於搞曖昧。

所以，站在客觀一點的立場，應該把「女人，喜歡搞曖昧！」這句話修正為「女人，喜歡會搞曖昧的男人！」雙方就可以比較心平氣和地面對事實的真相了。

當工商社會型態愈來愈成熟，女性的角色大為轉變，**肉食成性的女人愈來愈喜歡曲折與挑戰的過程，草食男遲遲不肯表態，導致兩性互動的曖昧期間似乎愈拖愈長。**

不過，女人的忍耐也是有限度的。通常受不了痛苦的女生，就會在心力交瘁到彼此厭惡對方之前，主動喊停！

男人若想得到幸福，曖昧的態度不宜太久。

否則，女人拂袖而去，一切化為烏有。

中等美女的戀愛優勢

中等美女比較容易知足感恩，甚至樂於積極回報。
親手做個小點心，或隨手買杯咖啡，禮尚往來，
表面上是公平對待，
其實這種小動作，會讓男人感覺很窩心。

所謂的「中等美女」，就是長得還算可以，無論從男生或女生的觀點看起來，都感覺順眼的女子。或許，正因為她沒有林志玲的臉孔、郭書瑤的胸部、蔡依林的才藝，所以和她相處起來比較沒有壓力。

不過，她也不能太醜、不修邊幅、身材完全走樣、語言乏味，落在常態分配負面極端，以免帶給別人另一種難以相處的壓力。

長相太美、資質太好的女生，除非自己修養很好，否則難免有些心高氣傲。只有少數帶著受虐傾向的男人，喜歡扮演「慈禧太后旁邊小李子」的角色，對她百般討好、悉心呵護，捨棄江山換得美人一笑。

很難搞的是，當有受虐傾向的男人好不容易換得美人一笑之後，卻又被她嫌：「你連江山都沒有了，還能給我什麼呢？」**男人，的確喜歡挑戰；但是，只有極少數的男人，喜歡挑戰「不可能」**。大部分的男人樂於挑戰的是：只要花點力氣，就可以成功的對象。這就是中等美女在戀愛市場的優勢，跟美若天仙的極品美女比起來，中等美女的市場佔有率高、顧客層面比較廣，口碑也比較好。

相較於極品美女，中等美女除了沒有心高氣傲的缺點之外，還有其他很多優點，例如：在女人圈中，她既不討人厭、也很少遭到妒忌；在男人圈中，她比較容易被討好，也願意表達感恩。

極品美女很習慣對男人的付出，抱持著挑三揀四的態度。因為，想要對她示好的男人，多到要排隊的地步。所以，不知不覺地把別人對她的好，都當作是理所當然的。

反觀，中等美女的反應大不相同。她比較容易知足感恩，甚至樂於積極回報。親手做個小點心，或隨手買杯咖啡，禮尚往來，表面上是公平對待，其實這種小動作，會讓男人感覺很窩心。畢竟，**主動、被動，都不如互動。**

中等美女只要看來順眼，就會被大大加分

以上解析，就是中等美女的戀愛優勢。但是，請所有的中等美女，不要一時欣喜，就解讀為「女人的長相及外表不重要！」因為男人還是很視覺性的動物，再怎麼平凡的女人，至少必須把自己的外貌弄到六十分以上及格，其他所謂的「順眼」，是靠親切的談吐加分。這樣已經可以達到七、八十分。

如果中等美女能夠再多帶一點「肉食女」的性格，態度稍微積極一點，就會很受歡迎。

鴻宇是我的男性朋友中，條件算是很好的一個。他曾經和一位空姐交往五年，對方是個極品美女，讓他追得很辛苦。在過程中，他一度誤以為愛情是人生最偉大的激勵，讓他可以不斷提升自己，無論是能力、財力、學識、歷練，以及待人接物的體貼等，都有進步的空間。

直到五年之後，空姐依然拂袖而去，轉投企業小開的懷抱，他才體會到這個真理：**愛情，或許是人生中最偉大的激勵；但是，千**

萬不要為了討好對方而委屈自己。否則，當感情結束後，會覺得過去付出的一切，都很不值得。

那次重大的戀愛挫折，讓鴻宇轉變成「草食男」，對戀愛這件事很消極。隔很長的一段時間，他認識雅茜之後，一切才有新的轉機。

她看起來就像平凡的鄰家女孩，加上談吐中親切的態度，讓人感覺特別順眼、舒服。這是他從來未曾有過的經驗，還咬文嚼字地形容，就像「如沐春風」，跟過去他追求極品美女時，天天要「乘風破浪」的心情，很不一樣。交往不到兩年，他們就修成正果，幸福地結婚。

美醜之間，其實還有很寬廣的灰色地帶

我們都故意取笑他：「你應該是老了，衝不動了，才想找個安定的。」其實，他才三十二歲。如果真要說是老了，應該是愛情的歷練，讓他的心態變得成熟，懂得欣賞「中等美女」的特質。

講這麼多，「中等美女」比上不足、比下有餘的優勢，應該已

經很清楚了。但是，自認為比「中等美女」條件還差的女生，該如何自處呢？

其實，「天下沒有醜女人，只有懶女人！」這句話是真理。無論五官長相如何，只要願意學習修飾自己，女人在外貌上要達到六十分以上及格的門檻，並非難事。

請你留意，以下這個觀點是最重要的關鍵。

對男人而言，女人的美醜並非絕對的，美或醜中間還是存在很多灰色地帶，全憑個人主觀決定。但是，「自卑」這個問題，就是很客觀的。女人若醜到對自己沒信心，就很容易產生自卑心理，這才是「所有」男人敬而遠之的問題。

如果連自己都無法肯定自己，誰會喜歡你？自己都無法接納自己，跟誰相處會沒問題？

榨乾男人有用嗎？

篤定，跟年紀無關。
對於過盡千帆的男人來說，美色的誘惑已經無法讓他心動。
當男人反璞歸真之後，只想要享受簡單的幸福。

關於親密關係，女人有個迷思：先把男人榨乾，他就不會亂來。實情，果真如此嗎？單純自然的親密關係，可以是一種享受；相對地，刻意有目的性的翻雲覆雨，就會有副作用。

所謂刻意有目的性的動機，有很多種可能。例如：想要展現自己能力很強、身材很好；想要據此討對方的歡心，獲得物質的回饋；甚至是出賣靈肉，換取金錢等；其他還有更險惡的可能，包括埋藏政治、商業的利害關係而設的局，已經和「仙人跳」沒有兩樣了。

真心相愛的伴侶，理應不會用親密關係來交換對方的任何東西；但是，有些戀人在逼不得已的非常時期，還是會出此下策。問題是，如同前面提到的，會有很多副作用。

美津到國外深造，是考慮了兩、三年才下定決心去做的事，慶鳴雖然很不捨得，還是給她百分之百的鼓勵和成全。她剛出國那段時間，不但要適應新環境、還要承擔兩地相思的煎熬，難免心情不好，有時候還無理取鬧。慶鳴能夠理解，而且多方讓步。

不過，美津對感情疑神疑鬼的態度，愈來愈嚴重，變成慶鳴很大的困擾，甚至超過他所能容忍的範圍。幾次到達爭吵的邊緣，慶鳴都會勸自己：「她一個人在外地，已經夠可憐的。愛她，就是不要讓她難過。」

他心裡很明白，不擅長交友的美津，只能靠著這段遠距離的愛情維持心靈的呼吸，否則她在異鄉可能很快就窒息了。但是美津對他的不信任，已經變成彼此的壓力。

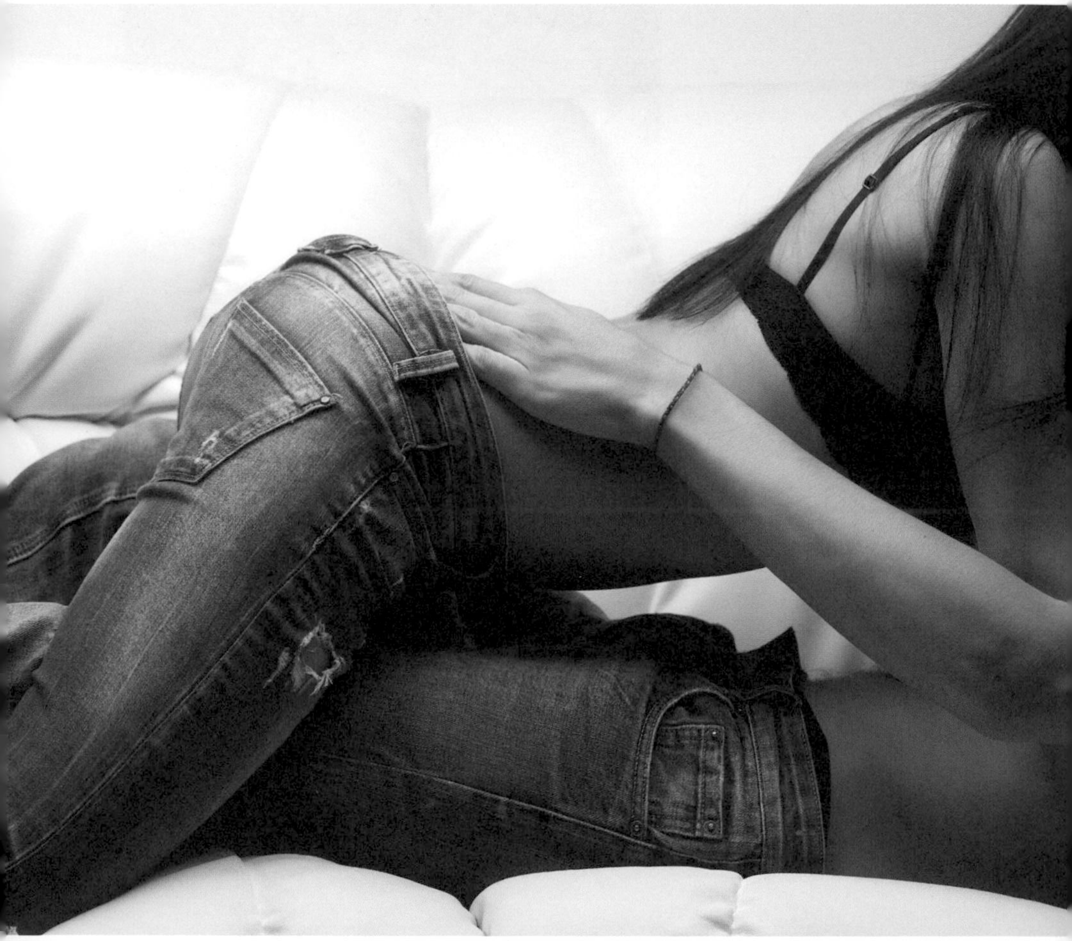

男人想要、女人該懂的親密關係
Intimate relationship of Men & Women

彼此若不信任，親密關係就很難滿意

令他感到特別意外的是，美津竟然會要求他透過視訊進行親密關係，而且次數愈來愈頻繁了。慶鳴本來還以為是她適應環境困難而藉此紓壓，後來她才坦承：「其實我是要把你榨乾，你就不會有體力背著我去外面亂搞。」

她說得坦白，慶鳴聽得驚悚。

當男人對親密關係的感覺變怪了，生理的功能也可能出現障礙，美津卻更懷疑：「莫非肥水已落外人田？」

要求遠距離親密關係，竟是出於不信任的動機，這樣的做法，讓慶鳴很困擾。只怕身體還沒被榨光，愛意已經乾涸了。

外界環境的誘惑愈來愈多，分隔兩地的伴侶如何在性愛上自律，是維繫幸福必須面對的課題。

雖然會導致身體出軌方的誘惑，男女的機會與挑戰可以說是均等的；但是，基於生理的構造不同，大多數人還是會同意：男人發生一時衝動的機率，比女性還要大很多。若要男人能夠像柳下惠那

樣坐懷不亂，搞不好還有人會懷疑他生理功能有障礙，或有特殊的性取向。

所以，相對而言，男人在性愛可以高度自律，絕對是他個人的修養和毅力。偷腥不怕蝕把米，但他就是不願意！

從小地方就可以觀察，男人是否潔身自愛

觀察我身邊的男性朋友，真正能夠克制自己生理的衝動，絕對有把握可以拒絕外界誘惑，通常有以下三種特質：

1. 本身有潔癖

有些男人特別愛乾淨，對於性愛的地點及對象都很挑剔。在自己不熟悉的地點，或是和枕邊人以外的女人身體，都很難有發生性愛的念頭。他不願意出軌，或許和責任或道德無關，很可能只是因為他很龜毛而已。不過，看起來也夠道貌岸然，令人尊敬了。

2. 就是怕麻煩

偷吃固然有樂趣，想到要把嘴巴的油膩擦拭得了無痕跡，就覺

得很麻煩，或真的沒有把握自己可以在偷吃後把嘴巴擦乾淨，想到後患無窮、難以招架，索性還是安分守己吧！這種男人，你可以說他懶惰、膽小、沒用，也可以說他理性、成熟、可靠。他不會管別人要怎麼定義，卻能守身如玉。

3. 人生多閱歷

對於過盡千帆的男人來說，美色的誘惑已經無法讓他心動。當男人反璞歸真之後，只想要享受簡單的幸福。他沒有潔癖、不怕麻煩，但知道珍惜人生僅有的一個老伴，面對誘惑是連掙扎、取捨都沒有，是淡淡讓它過去，心中不起任何一點漣漪。有些人會笑他：「是否老到玩不動了？」只有他自己心裡清楚：篤定，跟年紀無關。見過感情大風大浪的閱歷，讓男人更懂得珍惜眼前的平靜。

無論守貞的動機是什麼，性愛的自律最後還是要回到彼此的甘願，而不是為了給對方交代。

女人若要挑選對感情忠誠、對身體也忠貞的男人，不妨觀察他是否具備以上三項特質中的任何一項，就可以比較放心了。

撒嬌與撒野的界線

內心沒有安全感的女人，通常控制慾都很強。雖然她很可能用的策略，都是很柔弱的方式，男人卻很容易感受到她強烈的控制慾，而想要逃離她的掌控。

橫跨媒體業與時尚界的欣蘭，結束上一段戀情不久，很快地再度陷入情網。這並非什麼大新聞，跟她共事多年的好友，都知道她是把戀愛放在事業前面的多情女子。比較令大家覺得驚天動地的是：這次熱戀的對象，竟然是年紀比她小十二歲的體大男生。簡而言之，就是完全趕在時代趨勢上，既是姐弟戀，也完全符合肉食女與草食男的交往模式。

為了說服小男友麥克願意和姐妹淘喝下午茶，欣蘭費盡苦心與雙方溝通，事前取得共識。她跟麥克的協議是：遇到這些姐姐們，要有禮貌，不可以擺臭臉。如果三姑六婆提出令人尷尬的問題時，雖然未必要有問必答，但至少不要粗魯地回應。

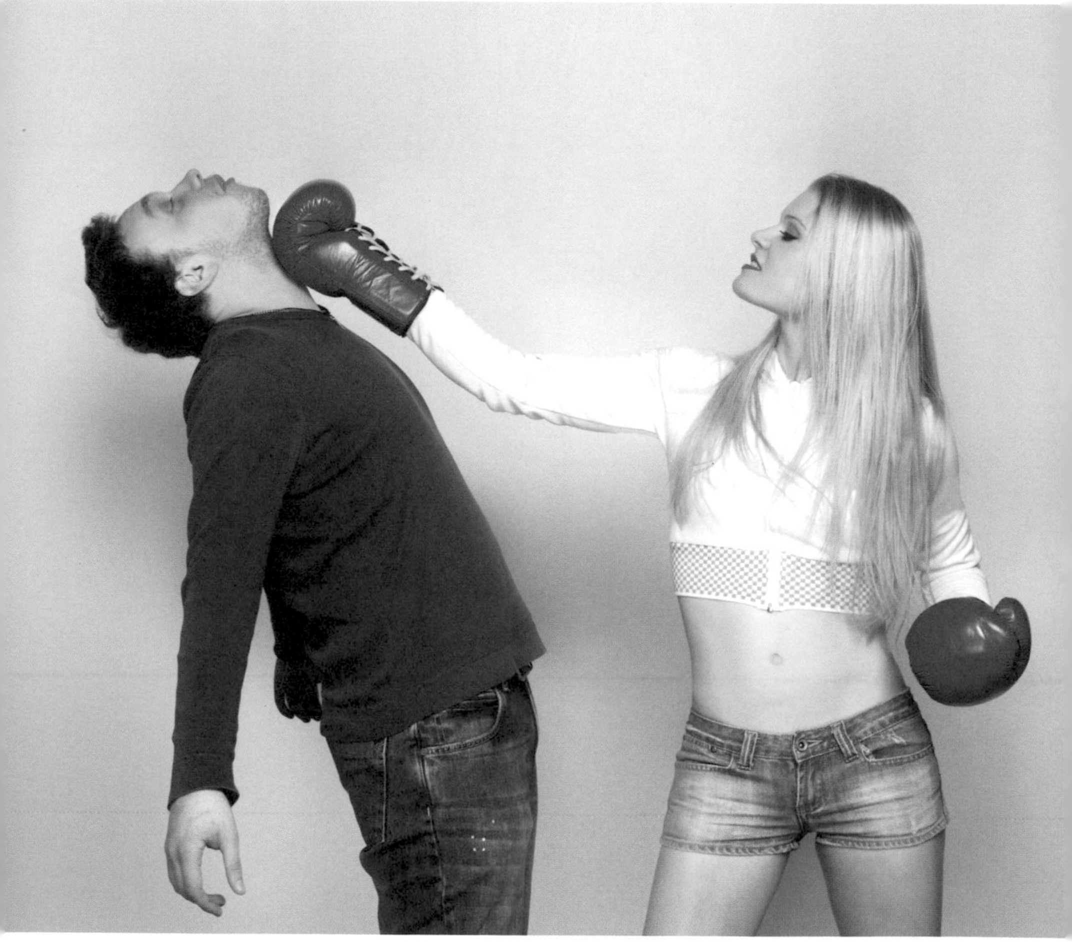

姐妹淘這邊，欣蘭已經再三叮嚀：聊天時，不要故意強調年齡差距，也不能問閨房中的事情。好友在答應這項要求之前，當然不會輕易放過她：「好啊，我們可以答應妳，不當著小男友的面前，問他親密關係的技巧，可是妳得先告訴我們才行……」

在好友們七嘴八舌的勸說、甚至脅迫之下，欣蘭只好老實說：「哎呀，青春肉體嘛，當然比從前那些老頭子好用！至於技巧方面，有待磨練啦……」

還沒等她講完，姐妹淘已經笑得眉飛色舞，還有人替她幫腔，把不好意思說出口的話，非常露骨地延伸解釋：「也就是說他動作很大，但維持不了多久，對不對？」

欣蘭不肯再接話，以免落人話柄，卻很積極地替小男友辯護說：「他是體大的唷，光是那身肌肉，就令人很滿足了。」

熟女跟年輕男孩混久，思考和說話都變得無厘頭

好不容易熬到雙方人馬集合，在台北東區的一家新開的咖啡館。為了不讓夾在中間的欣蘭左右為難，姐妹淘果然很幫忙，克制

原本毒舌的習慣，沒有故意踩地雷，讓彼此的關係太過於緊張。

不過，麥克表現得非常靦腆，面對很平常的問題，顯得手足無措。在被問到：「你認為欣蘭最欣賞你哪一點？」時，他的回答竟然是：「我很硬，但卻不持久！」當場把大家都嚇傻。幸好欣蘭立刻出面緩頰：「對啦，我的確常這樣跟他說，因為他個性很硬啦，不過生氣都不會僵持太久，很快就恢復心平氣和。」

頓時之間，如同動漫影片有幾隻烏鴉飛過似的。姐妹淘才發現：原來，熟女跟年輕男孩混久了，思考和說話都會變得無厘頭。或許，這也是永保青春的秘訣之一吧！

自從欣蘭跟麥克在一起，大家都覺得她變年輕了，不但容光煥發，而且臉上始終掛著燦爛的笑容。愛開玩笑的好友，都說是小男友給她天然的面膜，藉由頻繁的性愛能量，「外用」和「內服」雙效合一，才能產生比美容更好的效果。

欣蘭的作風，向來落落大方，隨便好友怎麼開她玩笑，都不會介意。就算有人說她是「老牛吃嫩草」，也無所謂。不過，以下這個問題倒是連她自己都解釋不清。「從前，妳都跟熟男在一起，為什麼突然之間口味換了，這麼年輕的底迪，妳都嗾得下去？」

其實，欣蘭的內在和她表現出來的言行，有極大的差異。尤其在感情方面，她是個很沒有安全感的女人。從前，她喜歡年紀比較大的男人，以為和看起來成熟的對象在一起，可以受到更多的關照。可是，幾段戀情發展到最後，都搞到不歡而散。她覺得自己的身段，已經夠小鳥依人了，對方卻覺得她強勢霸道，脾氣很「盧」！

「理性」，「撒嬌」與「撒野」的分界線

會撒嬌的女人，最幸福？其實，未必。並非所有男人都吃這一套，尤其當「撒嬌」過度，變成「撒野」的時候，女人吃不開，男人更不愛。

在過去的那些戀情裡，欣蘭犯的錯誤都很接近，叫做「錯把撒野，當成撒嬌」！某些男人的確喜歡女人對他撒嬌；但是，幾乎所有的男人都難以忍受不斷撒野的女人。

或許「撒嬌」與「撒野」，很難清楚界定；但是，其中有條分界線，就是「理性」。以為自己正在撒嬌的女人，若沒有把握時間與分寸，在男人眼中看來，就變成是不理性地撒野。

內心沒有安全感的女人，通常控制慾都很強。舉個最簡單的例子來說，當女人想掌握男人的行蹤，不外乎就是兩種策略：

1. 不論男人去哪，她都要跟隨。

2. 要求男人交代去向，事事報備。

雖然她很可能用的策略，都是很柔弱的方式，男人卻很容易感受到她強烈的控制慾，而想要逃離她的掌控。

唯獨年紀比欣蘭小十二歲的小男友麥克，因為心中多少有點「戀母情結」，而甘心被她以「關心」之名，行「掌控」之實。等

他年紀再長大一點，就未必可以繼續忍受這樣的交往方式。

不理解這個現象的人，常會錯誤解讀成「他玩膩了」，或「她人老珠黃，被嫌棄」。事實，並非如此。

一段愛情之所以可以讓兩個人成長，無非就是透過對方的反應，看到內心深處的自己。欣蘭終於發現，她沒有安全感的個性，才是過去戀情沒有修成正果的敗筆，跟對象的年紀，沒有絕對的關係。

天下女人最常犯的錯

聰明的女人，不應該在「栽培男人」這件事情上搶著埋單，最好只做他的啦啦隊，給他精神上的鼓舞，或心靈上的撫慰，而不是自己克勤克儉，卻供他白吃白喝。

多年前一位知名男性影星的婚外情曝光，他在記者會中坦承自己對婚姻不忠，以「犯了天下男人都會犯的錯」為由，讓其他潔身自愛的男人無辜地感到彷彿被流彈波及。從此，男人在外面偷腥的代名詞，被冠上是「天下男人都會犯的錯」。

如果「天下男人都會犯的錯」是發生婚外情，那麼「天下女人最常犯的錯」會是什麼？答案是：栽培男人。

以雨蓉的例子來說吧，她自願幫男友負擔部分學費，資助他到美國修習藝術課程。才分開半年時間，男友尚未取得學位，他們的戀情卻已經玩完，原因竟是他劈腿。雨蓉懊惱地跟朋友說：「悔不該栽培男人。」她怪自己當初看走眼，犯了天下女人最常犯的錯。

栽培男人，是對，還是錯？見仁見智！假使一定要用成敗論英雄，如願以償的機率相對稀有，因為其中的變數太多。女人後悔自己看走眼的，通常著重於男人對愛是否忠貞不二；卻常忽略了要先評估對方是不是那塊料，才能判斷他能否功成名就。

女人主動資助男人，男人自尊就被貶低

愛情和成就，好像風馬牛不相及，但其實兩者的關聯度很高。如果男人遠赴異鄉，不論是學業或事業，始終搞不出個名堂來，連帶著他在愛情面前也沒有自尊，感情就無法持續。

另一種危機，則發生在男人功成名就後，仰慕他的女人多了，誘惑隨之增加，當初支持他追求功名的女人，常淪落到「悔教夫婿覓封侯」的田地。

換個角度來看「栽培男人」這件事，應該從栽培的方式談起。老實說，像是贊助他金錢這種事，最好是由他的父母或手足負責，頂多就是他最好的哥兒們，比較合情合理。若是由心愛的女人出

男人想要、女人該懂⑩親密關係
Intimate relationship of Men & Women

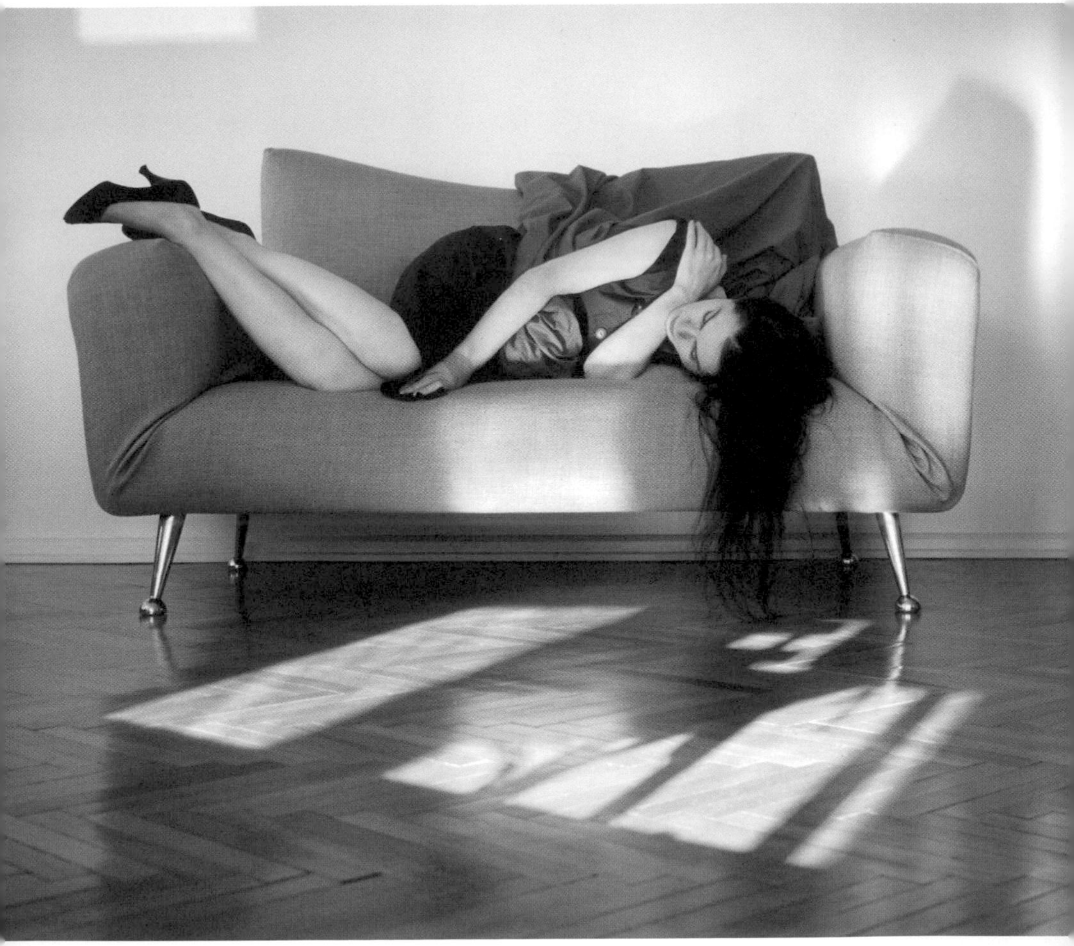

資，讓男人去完成夢想，女人就要承擔血本無歸的風險，難免就會在心底評估對方究竟是不是值得？

而所謂的值不值得？女友栽培男友的投資報酬率，包括兩個部份：其一是他功成名就的機會；其二是他能否感恩圖報？

如果女人要算得這麼精，奉勸妳還是不要栽培男人比較好。**很多男人並非天生就是負心漢，而是他還不起這份情，只好以惡性倒債的心態落跑**。這種兩敗俱傷的事情經常發生，女人還是要加倍謹慎。

女人只能鼓勵男人，多擴展天分與視野

聰明的女人，不應該在「栽培男人」這件事情上搶著埋單，最好只做他的啦啦隊，給他精神上的鼓舞，或心靈上的撫慰，而不是自己克勤克儉，卻供他白吃白喝。否則，很容易變成他的媽。

其實，問題就常出在這裡。老媽願意栽培兒子，天經地義、心甘情願。當女人想要栽培男人時，卻很難像他的媽一樣，有獨到的眼光，而且真心付出不求回報。

就算這個條件女人可以做到，接下來更艱難的挑戰是：一旦女人的角色變成他的媽，兩人之間的感情就會變成恩義大於激情，像是家人，而不是伴侶了。

若依照上述的條件來看，女友栽培男人的勝算永遠輸給男人的媽。首先，在心態上就無法克服人性的弱點，缺乏血緣關係的人很難可以做到不求回報的付出。再者，女友對男人的認識程度，幾乎不可能超越媽對兒子的了解。

知名服裝設計師吳季剛的母親陳美雲女士，可以說是最懂得栽培兒子的母親。吳季剛自幼展現獨特的天份，喜歡玩芭比娃娃、欣賞平劇，經常碰到親友嘲諷，驚訝於他跟別的男孩不一樣。陳美雲女士獨排眾議，順著兒子的性情發展，幫助他放心做自己，特別裝潢地下室給他放娃娃，支持他想要學習繪畫與設計的決定。

接受媒體訪問時，陳美雲女士分享她陪伴吳季剛長大的過程，回顧那些日子，語重心長地說：「栽培他的天賦，也栽培他的視野。」

吳季剛在美國念高中時，有機會可以去法國當交換學生。當時他在美國已經有工作，並不是那麼想去，媽媽鼓勵他：「你這個工作的目標太小了，你要看遠一點，你去歐洲看看不同的東西會更有感覺。」後來他接受這個機會，去了法國之後很喜歡那裡，因為有很多東西可以看。

陳美雲女士說的很對，一個男人要有所成長，固然天賦很重要，眼界也不可少。

我曾經訪問新世代的插畫家鄒駿昇。他本來是個小學老師，為了追求夢想，毅然辭去安穩的工作，負笈英國攻讀兩個碩士學位。他笑稱念第一個碩士學位時都在玩，直到第二個學位才比較認真。其實，他口中所說的玩，也是一種累積視野的經歷。三十二歲那年，他以精彩的插畫作品，在義大利榮獲波隆那兒童書展新人獎，帶著榮耀回歸故里。

很多評審讚嘆鄒駿昇何以年紀輕輕，畫風卻如此精密沉穩，這就是天賦加上視野的魅力。他從小就喜歡塗塗畫畫，也喜歡蒐集有時光滄桑感的老東西。英國六年的求學生涯，更是拓寬他的眼界，誠如鄒駿昇所說：「看清現實，才能畫出自己的天空！」

原來，男人最高的視野，就是看清現實；而要達到這個境界，就要從認識自己開始。女人若想要在男人成長的路上，助他一臂之力，可以從鼓勵他看清現實，也了解自己開始。

男人最可貴的風度

在女人面前，男人的風度，大部分都是刻意裝出來的；
唯有在競爭對手面前，依然可以保持優雅，
才是男人真正的風度。

或許是聽說雅菁有了新戀情，心有不甘的前男友，竟把他們之前拍過的親密照片上網流傳，雖然還不至於到淫穢不雅的地步，但確實有穿著泳裝接吻的畫面，讓雅菁覺得很不堪。

幸好，新男友旭康既有度量也有幽默感，毫不忌諱地安慰她說：「妳現在身材比那時候還要好！而且更辣囉！」

剛開始跟旭康交往時，雅菁還真的有點不習慣。他是從美國回來台灣創業的ＡＢＣ，說著一口流利的台語，卻有濃濃的美國腔。語言的溝通，或許多少有點不習慣；但最不習慣的還是他的紳士風度，進餐廳立刻幫她拉椅子，上車前會替她開車門……

雅菁常在不留意時露了餡，暴露出台灣女孩長期被男孩不夠體

貼的對待。她常急忙就座，忘了留時間給旭康表現紳士風度，等他走過來時，她已經搶先一步自己坐上位置了。

其實，所有的女生都不必失望得太早，有關社交禮儀，只要經過適當的學習，男人該有的風度，應該都差不到哪裡去，尤其是亞洲地區的男孩，本來就都很善良、也夠上進，只要有心學習，對於照顧女生用餐、搭車等細節，做起來並不會太困難。

男人的風度，貴在表裡如一、持之以恆

認真說起來，若要判斷這個男人是否真正有風度，並不是看他在和女孩熱戀時，是否能夠持續地表現細心及體貼，而是要看他們交往穩定，甚至結婚之後，是否能夠繼續表裡如一地維持當時細心及體貼的好習慣。

當然，最關鍵的還是兩人分手的時候，尤其是男方被女方拋棄的狀況下，如果他還可以做到絕對不口出惡言，甚至對女孩曾經相陪一段，心懷感謝。並且以成全祝福的心態，默默消失在兩人的

世界裡，剩下美好的回憶。當有人問起分手的事，只會淡淡地說：「是我配不上她。」這男人就真的是太有風度了。

可惜，男人這麼好的風度，只能在兩人分手後，才真正被女人看見。

在女人面前，大多數男人還是會盡其所能地表現風度；無論熱戀期間，或分手以後，扯破臉的例子算是少數。真正會讓沒風度的男人原形畢露的，多半還是他在感情上或事業上的競爭對手。

換句話說，在女人面前，男人的風度，大部分都是刻意裝出來的；唯有在競爭對手面前，依然可以保持優雅，才是男人真正的風度。

美國微軟公司（Microsoft）共同創辦人之一保羅・艾倫（Paul Allen），在出版的回憶錄《點子王》（Idea Man）中指稱，比爾・蓋茲（Bill Gates）是個唯利是圖、而且會奴役員工的人。

據說，他和比爾・蓋茲自小學就相識，因為共同創業而躋身全球富豪。但蓋茲在創業時，堅持要64%股份，只給艾倫36%，艾倫感覺很糟。數年後，蓋茲得知艾倫罹癌，還試圖要降低艾倫的持股比率。蓋茲所持的理由是：艾倫對公司的貢獻將會減少。

面臨人生的困境時，
才能看出男人最眞實的風度

艾倫的這本《點子王》（Idea Man），當初未上市就先轟動。《浮華世界》雜誌率先披露部分章節，微軟元老群起譁然。唯有老神在在的蓋茲，從容地回應說：「我和艾倫對往事的記憶不盡相同！」「但我重視他的友誼和對科技界及微軟的重要貢獻。」

短短幾句話，兩人的修養，立刻分出勝負。或許，艾倫所言部分都是事實；但是，世人看到的是兩個男士

在面臨人生不同困境時，所表現的風度有多大的差別。

當我在軍中服役的時候，常聽阿兵哥在背後批評長官說：「官大屁股大，官小脾氣大！」是指大官風度好，始終坐著微笑；小官愛罵人，隨時亂吼亂叫。那時候還很年輕的我，是個少尉軍官，算是官階很小的，帶部隊難免要展現威嚴，卻不敢亂發脾氣，以免被落人口實，說我官小脾氣大。

不過，我也常常思考「官大屁股大，官小脾氣大！」這句話的因果關係。小官是因為脾氣大，才升不上去；還是由於升不上去，所以脾氣大？

直到這些年，看盡人海沉浮，我漸漸明瞭：平步青雲的大官，能流露優雅的風度，沒什麼了不起。男人的風度，最難就在他落魄的時候，還能夠控制自己，不對辜負他的人口出惡言，始終寬容以待。

老實男是大騙子

老實男人，面對外界女人給他的誘惑來者不拒，
而身邊女伴給他氣受之後又不懂反抗；
以上兩個因素加在一起，出軌的可能性就大大地增加。

看起來老實無趣的男人，若能吸引女人死黏著不放，必定身懷絕技，而且親密關係的功夫很了得吧？

晴菲終於承認這點，甚至連昇佑傲人的身體特徵都說出來，可是他們卻還是面臨分手的事實。

因為昇佑看起來非常老實，相對之下就顯得晴菲過於伶牙俐齒。即使是打情罵俏的時候，朋友們也都認為晴菲個性比較強勢，一定是很會欺負昇佑。

從他們日常生活的相處看起來，真的就是如此。晴菲只能用被冤枉的語氣跟姐妹訴苦：「妳們不知道啦，他呀，其實是扮豬吃老虎！」任誰都看出來，她嘴裡這麼說，心底卻很甜蜜。

直到他們相戀三年多，事情才出現變化。晴菲的好友親眼目睹昇佑劈腿，看到他載著打扮十分妖嬌的女孩進了汽車賓館。好友跑來跟晴菲告狀，原本很被看好的一對王子與公主破局，姐妹哭成一團，才印證當初那句話：「這男人啊，假裝很老實的樣子，還真的是扮豬吃老虎呢！」

令人啼笑皆非的是，在分手前的談判桌上，昇佑依然不改老實的本性，坦承過去三年來偷吃的紀錄，連他在哪裡認識陌生女子、他們起初的交往過程、以及怎麼進展親密關係……都全部吐實。聽到晴菲轉述這些內容，朋友又同聲感嘆：「他未免也太老實了吧！」

分不清楚是非好壞的老實男人，很容易被誘拐

可是，為什麼老實的男人會是大騙子呢？這是個好問題。表面上看起來，的確不可思議、也很不好理解，但其實是很有可能發生的。

常分不清楚是非好壞的老實男人，很容易被誘拐。如果他和異性接觸時表現草食的習性，卻又讓對方探測出他在親密關係方面的表現是屬於「雄才大略」型的，肉食女怎會放過他？

老實男人，面對外界女人給他的誘惑來者不拒，而身邊女伴給他氣受之後又不懂反抗。以上兩個因素加在一起，出軌的可能性就大大增加了。其實並非他喜歡騙人，而是大家都被他的外表給騙了。即使男人長相再忠厚，七情六慾都不會少一點啊。

除了逆來順受之外，老實男人的另一個特徵就是：話不多！對很多事情都不會積極表達意見，除非他被逼到無路可退，才會說出心中真正的想法。本來只是很單純的一口大悶鍋，後來變成隨時會爆炸的壓力鍋。

因為劈腿被抓包而面臨必須分手的事實，昇佑才說出他心中的很多委屈。其中很多細節，晴菲根本都記不清楚，事過境遷之後，昇佑還是說得有條有理，可見他對那些小事有多麼介意。

例如：晴菲曾經請昇佑幫忙修電腦，花了六個多小時還沒搞定，晴菲冒出一句話：「你不是資訊工程師嗎？怎麼會這麼豬頭？」昇佑當場沒有特別反應，卻把這個不愉快的經驗，牢牢記

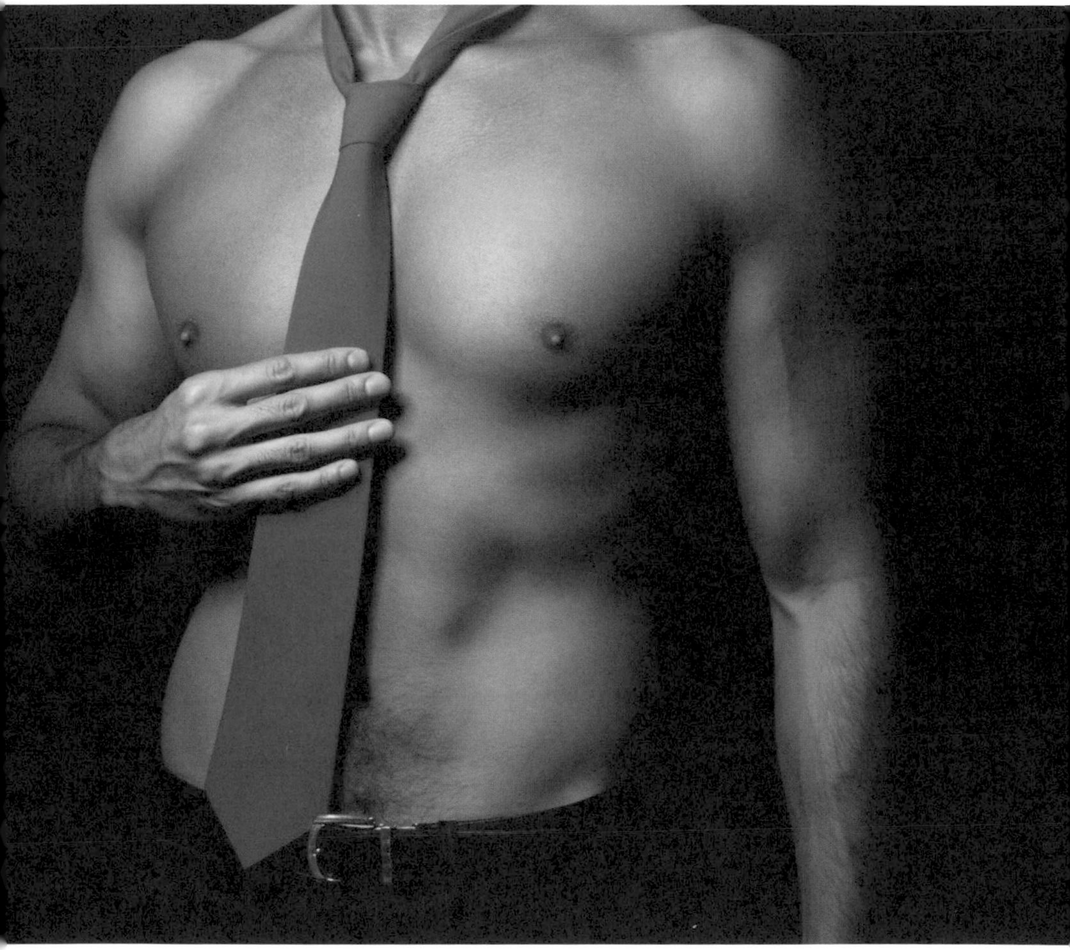

在心底。

還有另一個例子是：某個晚上晴菲很想要有親密關係，主動投懷送抱，專心看球賽的昇佑，本能地把她推開，她就抱怨：「我們已經快要兩個月沒有發生親密關係了，如果你不想要，我向外公開徵求，很多人會排隊搶著要喔。」他為此也很不高興。

老實男人的悶鍋性格，會是感情的重大障礙

當然朋友聽了昇佑以上的申辯之後，都會覺得這是他替自己的劈腿行為，所找到的藉口。因為晴菲講這些話語純屬玩笑，沒有真正惡意，任何人聽過都可以隨風而去。

他們很難想像：這些對話只要是進了悶鍋男人的耳朵裡，就會累積成有爆破威力的炸藥。尤其是等負面能量累積到一定程度，他隨時會反擊。可能採取的策略有兩個：一是向外發展，以報復女伴，平衡自己；二是對內抵制，以冷漠抗議，抬高自己。

以上這兩個策略，無論向外或對內，都是很負面的做法，只會

傷害原本的感情與信任，對誰都沒有好處。這是悶鍋男人，很需要被好好教育的一環。

大家應該都聽過非常通俗的一句話說：「床頭吵，床尾和！」這是感情的一種境界，不管伴侶怎麼吵，很快就會化干戈為玉帛。但是，曾經出現的負面情緒，究竟是船過水無痕？還是，沉入海底漸漸累積成暗礁，年久日深讓彼此的愛意擱淺？

關鍵在於：溝通與信任。只要願意找時間好好溝通，解釋清楚，就可以釋懷。頂多就是藉由道歉與原諒，展現彼此的風度與品格。有時候這些小小風波，反而更能夠鍛鍊感情更加堅固。

有些難能可貴的伴侶，並不需要太多言語的溝通。只因為他們相互信任，知道對方既沒有惡意、也不會離棄。所有的誤解與怨怒，很快被吹散在風裡，了無痕跡。

小氣男人的大揮霍

節儉，是指「省當所省」；小氣，指的是「該花不花」。節儉的對象，通常是自己；小氣的對象，通常是別人。小氣男人之所以有大揮霍，是因為他認為「值得！」

交往一年多了，在詩霓的印象中，宇曜是個節儉的男人。他不菸不酒，生活簡單。「何必花那些錢！」是他的口頭禪。經常出現在詩霓買化妝品、相約吃晚餐，或慶祝節日的時候。

幸好，詩霓經濟獨立。她有份穩定的工作，小額的存款，這些日常花費還不必看男友的臉色。

詩霓安慰自己：至少，節儉算是男友的一個小小的優點吧！

儘管，有時候她也分不清楚，節儉和小氣，究竟有什麼差別。彷彿，不特別去想，也就不會太過於困擾自己。

可是，宇曜也不是真的完全一毛不拔，他對於流行的３Ｃ產品很有研究，在這方面的敗家，他可就完全不手軟。

詩霓見識過他在電子產品上血拼的功力，花費的金額絕對不會低於女人逛化妝品專櫃和服飾店。只不過宇曜的理由很冠冕堂皇：換新手機、買筆記型電腦、選購電子閱讀器……都是為了增加職場競爭力。

他說：「這是投資，不是消費！」

金錢的花費，很直接的反映一個人的價值觀

節儉和小氣的差別、投資和消費的不同，兩個對照組都是很好的討論題目。淺淺的語意中有深深的道理。

節儉，是指「省當所省」；小氣，指的是「該花不花」。節儉的對象，通常是自己；小氣的對象，通常是別人。投資，看到的是將來的效益，認為有機會獲利，未來的收入會大於當下的付出。消費，看到的是現在的滿足，不管是否有所回收，只要當下得到好處或享樂就好，不去想未來會是怎樣。

小氣男人之所以有大揮霍，是因為他認為「值得！」。花費金

額大小的判斷，是很主觀的，沒有絕對的標準。宇曜認為花五萬元買鑽石項鍊不值得，買筆記型電腦卻值得。

戀人之間，這些各自的花費，只要沒有涉及借貸的債務，原本是無可厚非的。可是，只要詩霓多想一點點，矛盾的心理就會浮現一個很大的問題：為什麼在他鍾愛的事物上花錢就值得，在我重視的項目上就不值得呢？

金錢的花費，很直接地反映一個人的價值觀。當詩霓無意中發現，宇曜的前女友結婚，他包了六萬六千元的禮金給對方，就完全地醒悟：原來，他並非想像中那麼小氣的男人，而是她在他的眼中根本就不值得。

女人觀察男人的花費態度，用來檢視他愛她的程度

詩霓還需要更了解的是：明明有錢的男人，卻不肯把錢花在女伴想要的地方，不外乎有下列幾個原因：（**括弧中條列的是女人碰到這種男人時，該有的對策**）

- 他認為她比他更有錢，更會花錢、出手更闊綽，所以不必把錢花在她身上。**（有錢的女人，要學會在花錢時保持低調，偶爾還要在男人面前哭窮，才能激勵他願意為她花錢的動力。）**
- 他不想慣壞她，試圖節制金錢的支出、協助她管控物質的慾望。**（喜歡購物的女人，應該表現理性的態度，不要給男人留下「亂花錢」、「太浪費」的錯覺。）**
- 他很自戀，在感情上佔著優勢，因此不需要特別討好她。**（給他點苦頭吃吧！男人要有適度的危機感，才會更加倍努力。）**
- 他並不是真的很愛她，對感情沒有太長遠的計畫，不願意投資。**（趁早離開他吧！）**

其實，現代女性都很會賺錢，甚至所得還會超越男人。她並不是愛男人的錢，只是想藉由男人捨得為她付出的花費，來評估他的愛是否真、他的愛有多深？

當女人清楚自己想要花男人的錢究竟是什麼動機，男人也懂得女人真正在意的是什麼，就不會再斤斤計較於彼此的花費，而把力氣放在如何共同創造更多的財富，讓生活無匱乏之虞，也能做點善事幫助別人。

”
貼身的接觸
是感官的歡愉
貼心的愛撫
是靈魂的幸福
”

持久未必是好事

對女人來說，男人在床上表現持久未必是好事。時間維持久，和姿勢換得多，並非性愛的品質保證。女人心裡很明白，只是嘴裡不好說，男人於是繼續犯錯。

女人的感情經驗若不豐富，相對之下性愛閱歷也欠缺。不像男人，多得是管道可以嘗試翻雲覆雨，即使沒談過真正的感情，卻可以擁有不勝枚舉的性愛經歷。單純的芳庭，最近正好碰到這方面的困擾。

她跟茗獻發生關係了，卻不知道算不算數？

「怎麼說呢？」好友瑜燕聽她訴苦，還沒到個段落，就急著發問：「真令人好奇，難道你們只到三壘就暫停了？」讓本來就有點害羞的芳庭，更不知道如何啟齒了。還好在瑜燕積極的導引之下，終於支支吾吾說出實情。

原來，她跟茗獻做了兩個多小時的愛，雙方體力都耗盡，就是沒有完成最後一步。

「只見真槍，沒有實彈。」這樣的比喻方式，已經是芳庭的極限，卻把瑜燕搞得更糊塗，追問說：「莫非他發射的是空包彈？」被逼急了的芳庭，才又像擠牙膏般吐出真相：「只是假動作，根本就沒發射啦！」

持久，是男人對性愛的迷思；女人未必眞的需要

雖然瑜燕自願當好姐妹的性愛導師，碰到這樣的問題，她還真的是沒轍。再三向芳庭確認過，茗獻的男性雄風沒問題，外觀非常巨碩，全程堅挺無比，但就是遲遲不肯發射。

儘管茗獻在賣力衝撞之間，還是會體貼地問：「妳舒不舒服？」可惜芳庭沒有說實話，只是學A片女優那樣「嗯，嗯！」模糊帶過。直到汽車賓館櫃台人員通知：休息時間快要到了！茗獻才收兵退出。

後來，幾次性愛都差不多是這樣，讓芳庭感到很疑惑。

男人想要、女人該懂⑩親密關係
Intimate relationship of Men & Women

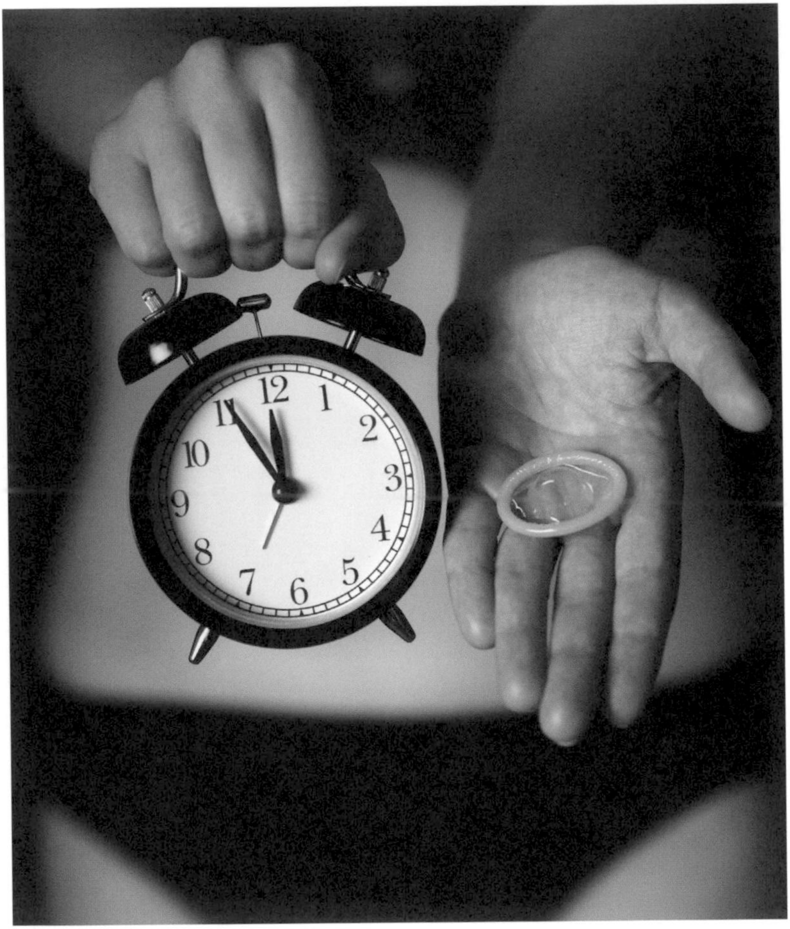

這個問題，一直無解，狀況持續了半年多。

真相大白的那天，是瑜燕和朋友相約在咖啡館，巧遇茗獻和另外兩個男性友人也在那兒，她正想過去打招呼時，側耳聽見茗獻聊天時說到：「我的女友真的很厲害，自從兩年前同居以後，每天把我榨乾，還測量保險套的排出量，害我跟現在這個小三在一起時，都只能盡量滿足她，不敢滿足自己。」

原來，芳庭竟然當了別人的小三而不自知。茗獻忙著跟她做愛之前，早已經被他的正牌女友榨乾。

男人做愛的心態，可以分為很多種。除了滿足自己的生理需求，或是證明自己很厲害之外，有些真的是為了讓對方享受，有些只是給個交代。

無論動機是什麼，發生性愛的時候，男人都希望可以表現持久；對女人來說，男人在床上表現持久未必是好事。時間維持久，和姿勢換得多，並非性愛的品質保證。女人心裡很明白，只是嘴裡不好說，男人於是繼續犯錯。

持久，是男人對性愛的迷思；跟著他勉強配合的女人，也常被弄得很糊塗。

男人花心思搞房事，是愛面子大過愛對方

靖芸跟品學在一起五年，剛開始的性生活，還算很正常，或者說是很自然。可是，最近卻有點反常，品學似乎很重視性愛的時間長度，也搞了很多新花樣。

因為兩人年齡相差九歲，多少有點代溝，常被朋友戲稱「老夫嫩妻」，加上個性比較內向，不會主動討論閨房中的事，百思不解的靖芸只好求助手帕交。

真真聽了大笑說：「很好啊，恭喜妳！表示他很愛妳耶。五年了，還這麼注重性愛的關係，真的不簡單，像我跟大毅呀，都已經平淡如水，只有很渴的時候，才會想要喝一口。」

不知道是真真年紀太輕，對男人的了解不夠，還是刻意安慰靖芸，才會說出這樣的道理。因為，說男人花心思搞房事，就是愛的表現，恐怕只對了一半。另一種可能，是他太愛面子，就怕被女人嫌棄，才會那麼盡力。

過了好幾個星期，靖芸才發現，已經四十歲的品學，工作壓力大，擔心自己表現不如預期，竟然開始服用壯陽藥。

不知情的人，還以為靖芸的需求有多大呢！其實根本就是品學自己愛表現，靖芸從來就不強求，甚至她還覺得品學故意把時間拖那麼久，要應付起來，還挺累的呢！

男人為家裡偶爾做些事，嘴巴都說是愛家，某種程度是比較想要護自己的面子，連性愛也不例外。

叫到天荒地老

男人在床上表現的細節，未必能百分之百反映出真實的人格。但是，有些指標性動作，確實可以連結到他的日常行為，推論出他性格的原形。

本來以為是野貓，沒想到竟是女人哀嚎的聲音。

阿觀夜半聽到這種聲音，起初有些心驚，以為將有命案發生，考慮要不要報警。後來愈聽愈好奇，夾雜著幻想、嫉妒、與生氣，簡直就是要失眠了，才聽見女人多次的哀嚎結束於男子一聲的淫叫，眾芳鄰們終於可以上床睡覺。

叫床，可以助興？其實未必，很多有關性愛方面的習慣，還是因人而異，並非所有男人都喜歡聽見女伴這樣天荒地老地淫叫。

例如，阿觀就不是那麼適應。有一次去女網友家過夜，聽見對方豪放的叫聲，他幾乎不能繼續進行。妙的是，當他伸手摀住她的嘴，她反而更興奮了。匆匆結束那場有如噩夢的性愛遊戲，在回家

的路上他差點要戒掉胡亂上網路聊天室約砲友的壞習慣。

阿觀跟朋友說起這件事，多半的男性友人都覺得他異於常人。不是女伴叫得愈大聲，男人愈興奮嗎？阿觀始終堅持，在床上不論再怎麼興奮也要保持低調才行。眾酒肉兄弟朋友的結論是：這傢伙，太壓抑了。

聲音，是性愛的一種表情。但是，究竟要如何傳達，似乎從來沒有人認真教過，也就沒人有機會好好學習。應該在耳邊輕聲細語說：「你好棒！」，還是對著天花板大喊髒話？只能說是青菜蘿蔔，各有所好。

比較關鍵的是，弄清楚你的伴侶在激情的時刻喜歡怎麼表達，而你自己接受的程度到哪裡？

這種事，其實很難透過白紙黑字說清楚，也不容易以口語方式溝通。比較友善的方法是，在實際進行中循序漸進地嘗試，觀察對方的反應。

傳統觀念是：每個男人都喜歡聽，女人就不妨假裝叫出聲！這應該是落伍的說法了，**每個男人喜歡的不一樣，再說女人也不必一味地討好與盲從。**

刻意製造做愛的音效，藏著自卑的動機

在「叫床」的這一課，首先要學會的是：**認識自己**。先問問自己，叫得出來嗎？喜歡叫嗎？

接下來的第二課是：**尊重對方**。觀察對方能否接受你的叫法。

但是，還沒結束，第三課，也很重要。就是，**不要吵到別人的安寧**。

性愛，真的是非常私密的事情。只要兩人相愛，情投意合，關起門來，愛怎麼做，就怎麼做，不要妨礙到別人就好。如果你發現伴侶並不是這樣想，就要特別留意他的動機。

觀察力很敏銳的雅雅，跟昊欽上過三次床，就發現異狀。他喜歡故意把動作放大，但不是為了彼此身體的感覺舒服，而是撞擊出很大的聲響。例如，刻意以大動作撞擊床頭板，讓它碰觸牆壁，發出很大的聲音，或是拍打她的身體，製造出劈劈啪啪的音效。

昊欽似乎陶醉在自己的世界裡，愈大聲愈興奮；雅雅卻覺得相當尷尬，生怕鄰房的客人抗議。或許因為他們去的是汽車旅館，其他房客也見怪不怪，甚至還跟著比大聲，當作是男性氣概的表現，

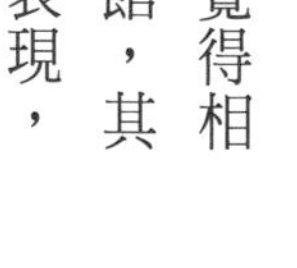

輸人不輸陣。有了這幾次經驗，雅雅漸漸發現：昊欽是個愛面子、有虛榮心、喜歡跟別人比較的男人。通常是內心的自信不夠，才會有誇張的行為。

聲音可以很迷人，但不要過度執著於聲音

男人在床上表現的細節，未必能百分之百反映出真實的人格。但是，有些指標性動作，確實可以連結到他的日常行為，推論出他性格的原形。

雅雅提醒自己要多觀察，在感情中漸漸抽身，讓自己保持理性。果不其然，發現昊欽在過去的情史中有多次劈腿的紀錄。

他的前女友曾經在臉書中泣訴：「他有了一份穩定的感情還不知足，還要透過偷腥來證明自己的魅力。」

而真正讓雅雅決定分手的原因，是她在昊欽的電話帳單中，看到一組奇怪的電話號碼，她上網搜尋，才知道那竟是色情電話業者提供的專線，讓寂寞的男人打進去聽女孩淫聲浪語，還要付出很高的通話費。

分手以後，雅雅再聽到別人稱讚她：「妳的聲音很迷人！」都會有點不寒而慄的驚慌。愛，未必要喜歡對方的全部；但若特別把欣賞的焦點放在「聲音」上，實在令人太沉重了啊。尤其是像昊欽這種以製造聲音，炫耀自己多厲害的男人，也教女人很難承受。

因為自卑才自大

自大與自卑，通常只有一線之隔。言談行為自大的人，多半是因為自卑心理作祟，怕別人看不起他，才會刻意製造誇張的效果。

還沒正式交往以前，佩芸對亞楓的印象並不太差，頂多就是覺得他說話時表情比較誇張，而且音量不小，就是個標準的「大聲公」。

直到成為男女朋友之後的第二年，佩芸才發現：講話大聲的男人，多少都有點愛吹牛的傾向，刻意希望引人側目，就怕別人漏掉他想說的重點。

佩芸年紀還算輕，對男人就有如此準確的觀察，實在令人敬佩。

一般而言，除了患有重聽的男人比較容易對自己發聲的音量失控之外，其他講起話來就像個大聲公的男人，多半有點自大。無論他想表達的內容是什麼，光用誇大的聲勢，就可以壓倒別人。

所幸亞楓愛吹牛的程度，還沒有到天怒人怨的地步。相熟的朋友都知道，聽他講話需要打個七折八扣，就會很接近事實。這是大家的默契，沒人會拆穿。

當軍教片盛行，播出操練的情節時，他就不厭其煩地把當兵生活比別人苦十倍的經歷，說了不下一百遍；換個角度聊「摸魚」的話題，他自稱出神入化的手法，連營長都拿他沒辦法。

朋友聽了，很捧場地笑哈哈；唯有理智尚存的佩芸，聽得愈清楚，腦袋就愈迷糊，差點問出：「你當兵到底是辛苦、還是輕鬆？」有點像是反嗆對方的笨問題，所幸她在最後關頭打住，跟著大夥笑鬧過去就沒事了。

比較尷尬的是，關於他們的親密關係，亞楓竟也拿來和朋友說嘴，消息傳到佩芸耳朵裡，只覺得他好幼稚。他連這種事都會拿來跟朋友吹牛，無論尺寸、次數、時間，都比實際的情況誇大了很多。

有個這麼自大愛吹牛的男友，佩芸也不知道自己該喜或憂？喜的是：看穿他的伎倆，這個人再壞也壞不到哪裡去，聽他吹牛還「笑果」十足；憂的是：他內心是否有什麼陰影，要不然怎麼會如此愛吹牛？

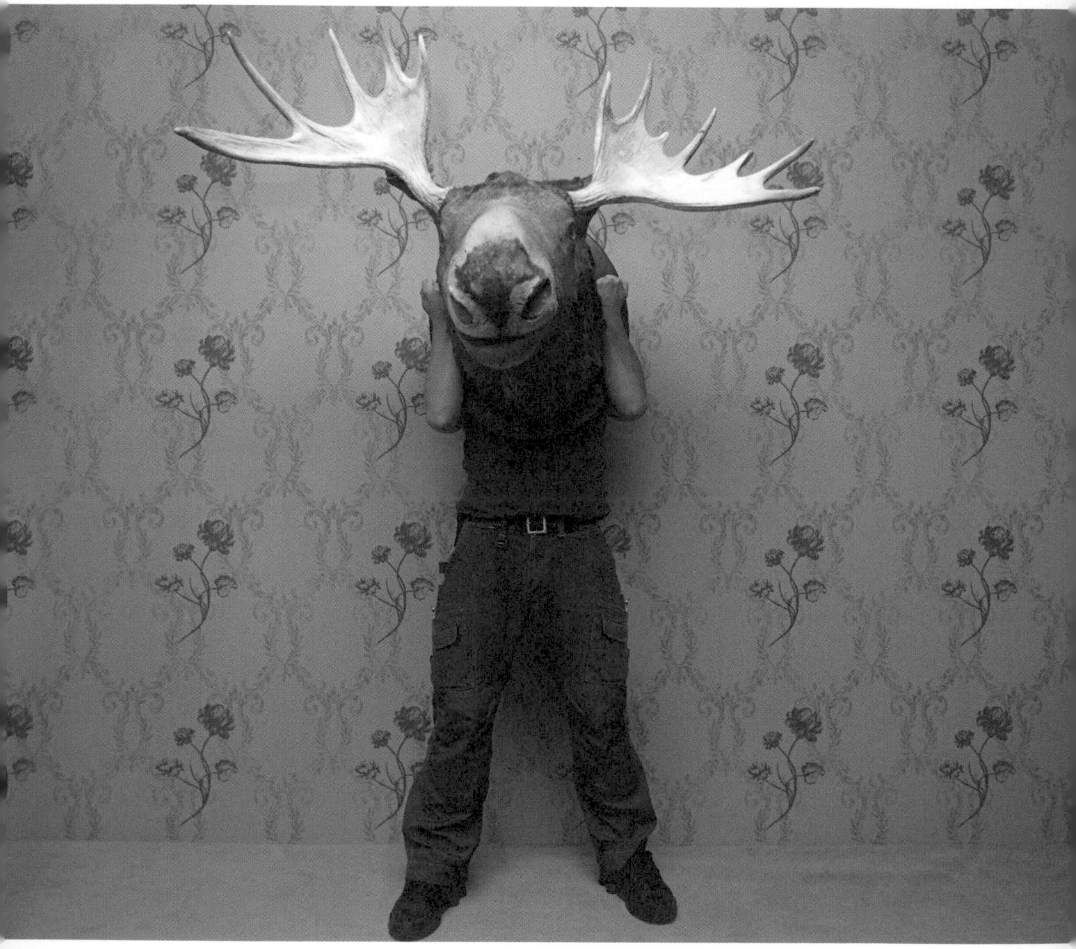

男人想要、女人該懂的親密關係
Intimate relationship of Men & Women

童年成長陰影，
造成因爲自卑而自大

自大與自卑，通常只有一線之隔。言談行為自大的人，多半是因為自卑心理作祟，怕別人看不起他，才會刻意製造誇張的效果。

但是，一個男人若因為自卑而喜歡吹牛，伴侶至少還可以透過近身觀察，看得出來他的內在很需要肯定及鼓勵；最怕的是：男人心理很自卑，卻從來不表現出來，深沉的陰暗面，只存在於別人看不見的地方，女伴想要幫他都使不上力，這才是更難相處的對象。

舒平的男友鼎諭長得高高壯壯，像是很穩重的樣子。當初他主動追求舒平的時候，光靠外表的優勢就順利擊退了很多競爭者。哪裡知道鼎諭的內在很陰沉，外表的陽光，根本擋不住心底的暴風雨，很快地摧毀兩人的關係。

根據鼎諭事後的自白，他在成長過程中受過很大的傷害。

小學時，他的身材豐潤圓胖，同學常拿他開玩笑，說他是一隻小白豬。這些不經意的玩笑話，聽到他的耳朵裡，就成了難以忍受的冷嘲熱諷。長大以後，只要聽到別人談論「肥胖」、「減重」等話題，他就覺得是特別針對他講的。

自卑的人很容易過度敏感，旁聽別人說三道四，就斷章取義、對號入座。錯怪別人的同時，也在責備自己，最後的結果，就是兩敗俱傷。

尤其是戀愛過程中，很多誤解若沒有找適當的機會攤開來講，累積得愈久，就愈難解釋清楚。

自大的男人，令人無法忍受；
自卑的男人，無法忍受別人

分手的時候，鼎諭列舉出很不被尊重的事實，舒平聽了覺得十分陌生，好像是在講別人的故事。由於鼎諭記得鉅細靡遺，舒平慢慢回想，才知道自己從前不小心講錯的話、做錯的事，在鼎諭心中竟都是如此不可原諒的罪過。

平常就很懂得檢討反省的舒平，遭遇到這麼重大的感情挫折之後，更成長了不少。她終於知道：太過於自大的男人，固然令人無法忍受；但是，太過於自卑的男人，則是無法忍受別人。

兩者相較之下，自大還比自卑可愛一點、也比較容易防範。因為，**自大是比較容易看得見，對付起來並不困難；自卑是比較容易隱藏，根本無從發現**，就難以想出對付的方法。

若不小心招惹自大的男人，頂多他會跟你互尬，證明他說得對、講得好！他的主張比較有道理，不管你信不信，同意不同意，他堅持到底。如果得罪自卑的男人，他不會跟你抗議、也不跟你爭論，只會找機會，趁你不注意的時候，展開他的報復行動。或許，他後來什麼也沒錯，只是默默離開你；但他知道，這種方式最令你心痛。

u i o r

PART B

共同遵守紀律，一起愛出好品格

愛你，是我唯一的紀律！

感情的世界，容不下一顆沙粒，
那為什麼還會有第三者存在的空間？

男人總是花心、愛劈腿，
女人如何捍衛自己的幸福？

如果繼續愛下去，未知後果，
我該堅持愛你，或是還給彼此自由？

Beha

小三和小王的差別

男人成為小王時，通常比較理性，
他總是分得清楚：感覺和感情，有什麼不一樣。
抱著純粹玩玩的心態，彼此反而沒有負擔。

貿易公司的年輕小老闆李總決定包養秘書茜珮之前，就認真問過她：「妳和乾弟真的沒有上過床？」

茜珮生氣地否認，還說自己不會那麼沒有品味，兩人根本不來電。更何況乾弟比她小六歲，怎吃得下去？

這番自白，說得義憤填膺，甚至有點接近血淚泣訴，讓李總不僅立刻揮去疑雲，還心疼地向茜珮致歉。茜珮要求他不能只是口頭道歉，必須要有具體的行動，於是每月包養的價碼立刻往上追加了一萬。

「誰叫你要這樣冤枉人家！」茜珮嘟著小嘴說，心裡可開心極了。因為李總似乎完全沒有相對的覺察，他跟她的乾弟比起來，長相沒有更帥氣，年紀還大一輪，無論是品味或體力，都好不到哪裡去，為什麼茜珮沒嫌棄？

難道，她只是愛他的錢？這點也不夠有說服力。因李總只不過是中型貿易公司的老闆，又不是企業集團的總裁，財力還不到富可敵國的地步，茜珮沒有必要捨棄秘書的工作，變成老闆的地下情人。

真正的原因，只有茜珮自己最明白。乾弟其實是她的前男友，兩人的關係曾經發展到三壘，之所以沒有進展到本壘，並非刻意遵循傳統禮教的約束，而是他當天喝醉酒又太緊張，完全沒有辦法展現正常男人的威武，事後還被茜珮嘲笑了一番，兩人的感情說什麼也無法再繼續。

小三的身邊，常常有小王

茜珮經歷過幾段感情，會讓她喜歡上的對象，通常都是年紀比較小的男生。雖然相處起來比較輕鬆有趣，但都會碰到相對的瓶頸——個性不成熟、又缺錢！拿著開可樂罐的吊環求愛雖浪漫，還

是會有比不上T牌鑽戒的遺憾。若要魚與熊掌兼得，就只好同意先當李董的小三，自己在另外找個小王（意指男性當感情世界的小三），這才是她真正的如意算盤。

女人願意當別人感情世界的第三者，心態都很複雜。有些女人當小三，是因為真的不知道自己要的是什麼，個性很軟弱，跟著命運隨波逐流。她不想掌握自己的人生，只好回過頭來被別人控制，最後還會說是情非得已，半點不由人。

另一種小三很有計畫性，知道介入別人感情只是過度期，搭上這班接駁船，可以把自己更快送到人生另一個更想要的階段。至於下一個階段是篡了大老婆的位置，或是在得到物質以後悄然引退，動機因人而異，最後的結果也可能大不相同。

還有一種小三，她的企圖心沒有大到想要篡位，也沒有小到可以隱退，只是耐力無窮地可以介於兩者之間擺盪多年，準備長期與這個角色的自己糾纏。其實這是所有小三類型中，最危險的一種。

因為，她很容易在內心感到不平衡的時候，對外宣洩，甚至發展另一份感情，也就是找「小王」，本來就已經很複雜的三角關係，加入更多的變數，處理起來將更為棘手。偏偏，已經當小三多年的

瑜青不這麼認為。她強調說：「只有再找個男朋友，才能平衡我當別人小三的委屈！」

瑜青和有婦之夫敬崙在一起兩年多了，最近又在夜店認識麥肯，兩人竟打得火熱。朋友都喜歡亂開他玩笑，說他性能力強到可以「賣根」，他自己也不諱言，有機會的話，試試無妨。從這些簡短的描述，就知道他可以被歸於哪個類型的男人，而他們可以發展出什麼樣的感情模式。

小王比較瀟脫；
小三常感到惆悵和失落

兩人若個性夠成熟，說好只是玩玩，不動真感情，或許殺傷力還不會很大。但是，如果無法控制情緒或情感，熱情如火之後如何面對空虛冷靜，就很難說了。

相遇之初，麥肯並不知道瑜青已經有固定男友，而且竟還是個有婦之夫；後來，他發現自己當了別人小三的小王，曾經一度非常生氣，因為有種屈辱感而覺得受騙上當，差點暴力相向，直到被朋友勸說後，才冷靜下來。

小三和小王，有哪裡不同？

字面上多一筆劃，象徵性別不同，反應果然不一樣。

除非是誤上賊船，否則當男人自願成為小王時，通常比較理性，他總是分得清楚：感覺和感情，有什麼不一樣。抱著純粹玩玩的心態，彼此反而沒有負擔。至於，熱烈後的空虛，如何打發？自忖條件好，趁年輕還想多玩玩的男人，不會去想這麼多，等老到玩不動再說！

倒是女人當了小三之後，惆悵和失落的情緒，常消蝕了在正常感情中應該有的幸福與快樂。

性愛的通關密碼

性愛是透過親密的身體接觸，
傳達心理層面的依戀與歸屬，
在滿足彼此的過程中，雙方都感受關心與尊重。

伴侶想要親密的時候，會給對方什麼「性暗示」呢？

曉菲的答案很絕妙，她和男友性愛的通關密語是：「要不要蠻牛？」

因為類似的保健提神飲料廣告，常出現標語「喝了再上！」好友聽了大笑說：「感覺妳的男友是開大卡車的司機。」

同樣的問題，一位年輕太太回答：「我老公都說，今晚讓寶寶早點睡！」

他們已經有一個小孩，兩歲多了，正是很可愛的階段。剛生產的第一年，因為寶寶睡覺時間不是很規律，他們的性愛變得「有一餐沒一餐的」。

幸好夫妻倆都很有心要經營婚姻，知道性愛的重要，第二年開始漸漸恢復熱情。「今晚讓寶寶早點睡！」成為他們性愛的通關密語。

結婚多年的輝哥，是個大剌剌、又愛面子的男人，直說：「哪來這麼多麻煩，燈關了，就可以開始做，不然我天天都要暗示老婆，豈不是比軍隊晚上查哨要叫口令那樣累！」

徵詢對方的意願，是彼此尊重的表現

每對伴侶的生活習慣不同，進行性愛之前要不要有通關密語？做法有些差異，或許還沒什麼太大關係。比較麻煩的倒是：弄錯對方的意思；或更嚴重的是：忽略對方的感受。

例如：對方很累的時候，還硬要他配合，如果對方表現出興致缺缺的樣子，動不動就扣上「你一定是不愛我了！」的帽子。

另一個極端是，對方已經到達熱情的燃點，只要劃上一根火柴，就可以綻放煙火了，沒留意訊息的這一方，卻倒頭就睡。那箱沒有適時燃放的煙火，逐漸就會變成感情的彈藥庫，在彼此看不順眼對方時爆發口角，或不愉快的情緒。

還有一種情況，也不算太好。

有些女伴並非真的很想要做，而是抱著「肥水不落外人田」的心態，定期榨乾自己的男友或老公，甚至還會在日曆手帳上做記號、畫星星呢。這種規律到行禮如儀的性愛關係，發生得愈頻繁，愈容易疲乏。

性愛，是兩人親密關係的重要指標之一，但絕非是全部。就像那句話「錢不是萬能，沒有錢萬萬不能！」一樣，延伸到伴侶的性愛，也可以是「**性不是愛的全部，但完全沒有性的愛，也很難幸福！**」除非是有特別的原因，彼此都願意體諒，當然就另當別論。

除了生理的需求之外，性愛是透過親密的身體接觸，傳達心理層面的依戀與歸屬。在滿足彼此的生理需求過程中，也讓雙方的心裡都感受到同樣的關心與尊重。性愛過程中圓滿的互動，並非只是肢體，還有語言，甚至眼神。這是人類和動物最大的差別。

性愛，不只是情感的交流，也是靈魂的溝通

大部分的動物，都只是為了傳宗接代而交配，並不需要太多心靈的交流。

以狗狗這種算是已經很有靈性的動物來說，發情的時候，只要嗅聞對方身體的味道，沒問題就騎上去，抽送完畢立刻分開，不需要在意對方的情緒和感覺。（這樣的比喻，並非貶損狗狗的性愛價值，而

是要區別人與動物的性愛確實有所不同，因此要更珍惜彼此。）

以雅雲和傳正的性生活為例，他們的性愛互動可以說是既激烈又頻繁，但是雅雲幾乎每次做愛時，都會問傳正：「你到底愛不愛我？」十分懂得情趣的傳正，不愧是性愛高手，他喘著氣、冒著汗，幾乎是用近似抽搐的語氣，斷斷續續回答：「愛……愛……當然是很愛……很愛……」

兩人用甜言蜜語，搭配肢體的姿勢，不斷互動，營造了很高昂的氣氛，彼此都感到滿意。不像雅雲的前男友，當她在激情時問：「你到底愛不愛我？」他的回答竟是：「不然妳以為我現在正忙著在做什麼？」理性到毫無情趣的回答，令雅雲覺得很殺風景。

性愛，不只是情感的交流，也是靈魂的溝通。

從性愛的次數和時間而言，健民和曉蓉這一對情侶，並沒有太令人稱羨的成績單。

但是，每次做愛的時候，彼此卻十分體貼對方，光是溫柔的眼神交流，就令伴侶覺得銷魂。這些看起來像是細節的動作，成為閨房樂趣中的票房保證，讓健民不必太費力，就可以讓曉蓉覺得很幸福了。

出軌的三個等級

若是平常對待伴侶時的表現，可以達到一百分，
卻能在外面偷吃到神不知、鬼不覺的地步，
這應該可以算是出軌男人中的極品，
幾乎跟「從不偷吃」沒有兩樣。

跟所有感情出問題的伴侶一樣，有著相似的問題。當幼菱被好友告知，瑞義帶美眉去汽車旅館休息時，不僅是當事人，連所有聽見這項傳聞的朋友，都覺得不可思議。不約而同的反應是：怎麼可能？像他那麼好、那麼溫柔、那麼體貼、那麼優秀的男人，怎麼會做出這種事情來？

是的。無論要用「男友」或「丈夫」的標準來檢視瑞義，他的表現都可以說是接近滿分。

瑞義對幼菱很慷慨，幾乎把所有的收入都交給她保管，自己只留少數的零用金。他每天報備行程，交代上班與下班後的行蹤。他記得屬於兩人的所有紀念日，還包括幼菱和她家人的生日。

他陪她逛街購物，刷卡支付所有費用，月底再請她從他的帳戶扣除，而且，面帶微笑地幫忙提重物。

所有的親友都說，這是幼菱前世修來的福報，要她多珍惜。沒有人會相信，瑞義竟會背著她搞劈腿。

可是，鐵證如山。好友的弟弟就讀夜大，白天在汽車旅館打工，清楚看見瑞義的證件及車號，以及副駕駛座的美眉。

東窗事發，真的沒有什麼好解釋的。就是因為罪證如此確定，決定這段感情的關鍵，反而都回到幼菱一個人手上。究竟該選擇原諒或是立刻分手？變成不可以拖泥帶水的二選一抉擇。

出軌男人可以分爲三等級，看女人要如何應對

相對地，女人常必須面對的另一個殘酷的二選一難題是，妳要接受一個——（A）「在日常生活和情感性愛都表現一百分，但是私下可能找機會偷腥的男人」；或是，（B）「各方面的條件都很普通，但對妳完全忠誠的伴侶」？

這個問題困擾幼菱很久，她遲遲無法做出決定，形同冷戰般拖了兩個多月。最後她選擇原諒，繼續和瑞義在一起。

認真說起來，令她做出這個決定的原因有點悲觀。因為她認為：男人只要有機可乘，都會偷吃。若能學會對他出軌的部分，眼不見為淨，何不享受他在其他方面一百分的表現？

如果「男人只要有機可乘，都會偷吃。」是個很普遍的認知，可以按照他出軌的程度，分為下列三個等級：

1. 他對伴侶的表現一百分，而且偷吃到神不知、鬼不覺的地步。

這是出軌男人中的極品，就跟「從不偷吃」沒有兩樣了。既然他可以偷吃到完全不露痕跡的地步，就等於「沒有偷吃」，他的正牌女友就可以「眼不見為淨」地做個幸福的女人。

2. 他對伴侶很好，但偶爾偷吃就被發現。

男人偷吃後，會不會事跡敗露，並非他自己單方面就可以決定的因素，還包括女人天生的個性與相處的態度。有些女人神經很大條，並不會主動花心思去觀察男人的言行；另一種類型的女人比較神經質，時時刻刻疑神疑鬼，任何蛛絲馬跡都難逃她的法眼，很容易東窗事發。而且一旦真相被揭發之後，他過去所有的付出就被全

盤否定。

3.他對伴侶表現平平，而且偷吃手法粗糙，很快就出包。

理論上，這種男人應該是沒有女人會要他吧？但是，老實說，這種男人為數甚多，而且女人通常都無法立刻離開他。主要的原因是，這類型的男人，常會交往到對自己不夠自信的女人，雙方經常演出的戲碼叫做「吵吵鬧鬧、分分合合」。旁觀者都覺得，這種感情不要也罷；當事人卻覺得「食之無味，棄之可惜」！

簡單而言，兩個不完美的人，製造了不完美的愛情，牽扯到不完美的第三者，習慣了不完美的感覺。

原諒或離開，考驗感情受害者的智慧

很多女性朋友，聽過我分析上述三種等級的男人之後，都很怨嘆說：「難道我們該退而求其次，只找個表現六十分，及格就好，但會忠於感情，絕不偷吃的男人嗎？」

我想，這是許多女人思考的盲點。她們願意為了要求男人對感情的忠誠度，而犧牲其他應該要有的期望值。即使得到這樣的男人，卻是委曲求全，值得嗎？他可能很懶、很無趣，卻因為忠誠而贏得女人的愛，這會不會太可惜？

當女人可以放下對男人究竟會不會偷腥的疑慮，把焦點放在如何增加自己的魅力，吸引男人把更多的注意力放在她的身上；或是，當她發現男人出軌前，可以安心享受他的付出，一旦發現對方偷吃後，擁有原諒的包容力；或決心離開的行動力，就可以把對自己的傷害減輕到最小的地步。

不知不覺變砲友

女人在床上的地位，其實是靠自己爭取來的。
如果女人還是停留在很傳統的觀念，
認為男人都是在佔便宜，就很容易感受到屈辱。

自從邦宇失戀後，依菱責無旁貸地成為他的心靈捕手，誰教他的前女友，就是她最好的朋友。

在邦宇面臨感情最掙扎的時候，依菱就受到好友的委託：「請妳多開導他，放手是對彼此最好的選擇。」依菱深知感情沒有誰對誰錯，抱著不負好友所託的心情，陪邦宇喝了幾次咖啡，也曾相偕出遊，聊的都是邦宇對愛情的感懷，卻也觸動她內心裡母性的溫柔。

依菱漸漸知道，邦宇的個性之所以無法勝任那段感情的原因，他太需要個人的空間和時間，而他的前女友卻喜歡朝夕相處，甜蜜膩在一起的交往方式。

邦宇很怕別人給他壓力，只要前女友抱怨：「昨天晚上怎麼不打電話給我？」或「你好久都不帶我去郊外走走！」他就覺得兩個人的關係快要窒息。

遇到這種情況，邦宇心裡的ＯＳ其實是：「如果有什麼要緊的事情，妳可以打電話給我，而不需要等我打給妳！」「要去郊外走走，妳可以提議，我就會盡量配合，萬一時間真的沒辦法，妳也可以找朋友去玩，我又沒有禁止妳！」

分手之後的邦宇，有了完全自主的空間及時間，卻又覺得感情無所歸依。

這就是愛自由的男人，很矛盾的愛情觀。他只有在需要人陪伴的時候，才意識到一份感情對他的重要性；當他可以和自己相處得很好的時候，感情是多餘的負擔。

當依菱愈清楚邦宇這樣的個性，就愈懂得小心翼翼地跟他保持距離；而當邦宇愈來愈發現依菱是個不會黏人的女孩，就愈對她產生好感與好奇。在一次去溪頭看星星的夜晚，兩人發生了超友誼的關係。當時的狀況很自然，就像清風吹過竹林般舒爽。親密之後，他們回到各自的房間就寢；隔天醒來，彷彿什麼事情都沒有發生過。

無心插柳柳成蔭；砲友升級成正緣

此後，類似的情況經常重演。後來更明顯，他們相約見面的次數不多，但每次都會滿足彼此的肉體。絕妙的是，依菱從來沒有對邦宇說：「你要對我負責！」而邦宇也不曾問：「妳要不要當我的女友？」兩個人的關係，可以心照不宣到好像一切都已經了然於心的地步。

只不過，午夜夢迴的時候，依菱還是會有點驚心地提醒自己：「原來，我和他已經不知不覺變成砲友。」

從朋友變成砲友，是既自然又尷尬的變化。當事人覺得很自然，卻擔心被其他朋友知道，就非常尷尬。尤其像依菱和邦宇這樣的情況，本來依菱是受好友之託，去安慰邦宇失戀的情緒，後來兩個人竟湊在一起，很容易讓別人誤以為她別有心機，刻意趁虛而入。

對依菱來說，這種事情還真是跳到黃河也洗不清，所以不必對外說明，無須向任何人解釋。也就是這樣的原因，她和邦宇的關係只能在秘密中很封閉式地進行。無怪乎會停留在「砲友」模式中，很難再突破。

這樣的關係能夠持續一年多，算是很不容易。每次依菱和邦宇親密過後，離開他的住處時，需要花費很多的努力，鼓勵自己正向思考，才不會讓自己的感覺淪為慰安婦。

所幸，邦宇並不是那種躺在床上，一味地只等著對方服侍的男人，他也會很積極的取悅女伴的身體，因此讓依菱覺得彼此的對待是公平的，沒有太多屈辱的感覺。

女人在床上的地位，其實是靠自己爭取來的。如果女人還是停留在很傳統的觀念，認為男人都是在佔便宜，就很容易感受到屈辱；反之，認為雙方都必須要盡力付出，才能享受幸福的關係，心

態上比較可以維持平衡。

但是，女人的青春畢竟十分可貴。無論女人可以如何地獨立，又能夠自主到什麼地步，只要她一想到要結婚生子這件事，就不會讓曖昧的關係，永無止境地拖延下去。依菱可以說服自己，邦宇不是刻意佔她便宜；卻無法評估，邦宇願意娶她的機率。

這樣的疑問，讓依菱和邦宇的關係，顯現前所未有的危機。當依菱愈來愈認定，邦宇沒有認真要這段關係真正落實在通往婚姻的路上，她就開始產生退出的念頭，而且畫面愈來愈清晰，行動愈來愈具體。

男女關係變化無常，有時候真正應了那句話：危機，其實是轉機。當邦宇察覺依菱有意逐漸疏離，他反而更想把握住這段關係。而且，就在依菱打算跟他攤牌的前一天，他說出了改變兩人世界的關鍵語：「讓我們以結婚為交往的前提。」對依菱來說，這是一份遲來的驚喜。

依菱後來才明白：**對付需要自由的男人，疏離的策略是個很吸引他的誘餌，等他上癮之後，就不怕被他甩掉，他反而黏得愈緊呢！**

男人盲目才花心

花心的男人，看起來總是要得太多，其實是因為他不知道自己真正要的是什麼，才會不願意割捨。愛他的女人，若不嚴格要求規範清楚，下場都不會太好。

晴雨事先跟定嶼報備過，晚上要去上瑜伽課。她下班時打過電話，十五分鐘以後，定嶼就搞出人間蒸發的戲碼。手機沒通，簡訊沒回。

她並非喜歡打奪命追魂扣的女孩，只不過事情實在太離奇。雨晴因為到瑜伽教室，才知道老師臨時有事請假，她想約定嶼吃飯，卻始終沒能聯絡上。

手機再度接通，已經是兩個半小時以後。定嶼解釋說他和男同事在夜市小吃攤，環境太嘈雜，所以沒聽見手機響。隔天卻被晴雨的同事抓包，昨晚看到定嶼和一個女孩吃麻辣火鍋。

男人若是愛說謊，通常就得解釋更多。這個道理定嶼顯然研究過。為了一勞永逸，他乾脆承認：「我還是老實說吧，昨晚的確是跟前女友吃飯。妳說要去上瑜伽課，她過生日沒人陪，我總不好推辭。吃頓飯而已，根本就沒什麼，妳不必想太多。」

人如其名，未必是好事。晴雨的情緒起伏，果然猶如晴時多雲偶陣雨。本來開開心心見面，以為定嶼解釋清楚就沒事了，怎知道事實如此殘酷。她哭得梨花帶淚，說起小時候，爸爸聲稱應酬晚歸，媽媽抓到他和另一個阿姨在一起的往事……

女人要夠狠，才能徹底斷絕男人花心的本色

還想留住感情的定嶼，溫柔地擦去她的淚痕，堅決表示自己絕對不會做出傷害她的事，但也不忘爭取自己交友的空間，他說：「我就是愛妳，才不想要騙妳。但是，妳一定要給我交朋友的空間。我的確有些異性好友，但真的不礙事。」

話都說到這樣，晴雨知道自己若是再吵、再鬧、再嚴格規定他不准這個、不准那個，徒然只是讓對方看透她的小心眼、沒度量。

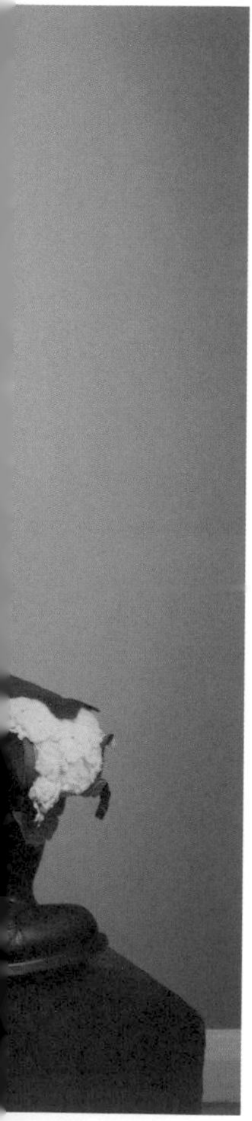

即使明明知道，定嶼口中所謂的異性好友，包括：前女友、紅粉知己，以及陌生網友。她實在管不住這些外來的誘惑，對男友的行徑束手無策，只好像是默許了那樣，從輕發落。

花心的男人，看起來總是要得太多，其實是因為他不知道自己真正要的是什麼，才會不願意割捨。愛他的女人，若不嚴格要求規範清楚，下場都不會太好。

半年之後，他們分手了。原因是定嶼劈腿，跟新歡在一起。他本來只是想玩玩，但對方積極把晴雨逼退，硬要讓她變成前女友，而且必須保證斷絕聯絡。晴雨終於知道：**女人要夠狠，才能徹底斷絕男人花心的本色。**

無論是付出感情，或是性愛互動，女人必須勇於堅持自己的底限，才能獲得男人的尊重。如果凡事半推半就，只會被男人牽著鼻子走。這個道理，是另一個女孩詠芯發現懷孕，鼎崎逼著她去私人

診所，冒著生命的風險處理掉後，她才漸漸覺悟。

根據詠芯推測，應該就是兩人去度假時受孕。盡情狂歡的夜晚，在最激情的時刻，鼎崎竟說自己沒有隨身攜帶保險套，詠芯本能地輕輕推開他說：「這樣不行啦！」鼎崎卻把她抱得更緊，像是木棍擣進麵糰裡那樣，深深不可自拔。那一夜，他的歡笑播種，幾個月後，很快就變成她在手術台上的含淚悔恨。

女人愈是輕易放棄原則，愈容易被對方認爲理所當然

事後，當詠芯跟好姐妹泣訴，自己意外懷孕的遭遇時，對方毫不留情地提醒她：「大小姐，這哪裡能說是『意外』呀？沒有安全措施，當然有可能懷孕啊。妳不堅持自己的立場，對方永遠就學不會要如何尊重妳。」

這句話對詠芯來說，不只是性愛上的當頭棒喝，也是感情互動的珍貴教訓。

女人常常因為愛對方而對自己的原則輕易讓步，當下妥協的

時候，覺得自己做了很大的犧牲，甚至在潛意識裡，還希望換得對方的感激與回報；而事實正好相反，當女人愈是輕易放棄自己的原則，愈容易被對方認為理所當然，久而久之彼此就習以為常，就更難以得到男人的尊重。

例如：女人不希望對方和前女友聯絡、不願意忍受他在面前抽菸、不想冒做愛不戴保險套的風險……就要直截了當講出來，而不是拐彎抹角，或默默隱忍。

適時提出意見，或許有發生衝突的可能，需要雙方理性溝通，看看是否能夠妥協到彼此可以接受的程度，至少有機會要到自己想要的結果。反之，因為害怕衝突而不表示意見，對方只會繼續我行我素。

女人堅持自己原則，最壞的結果，頂多就是分手。若是隱忍不說、再三讓步，就不只是分手而已，最後還會失去自我。這比失去一段感情，還要嚴重很多。

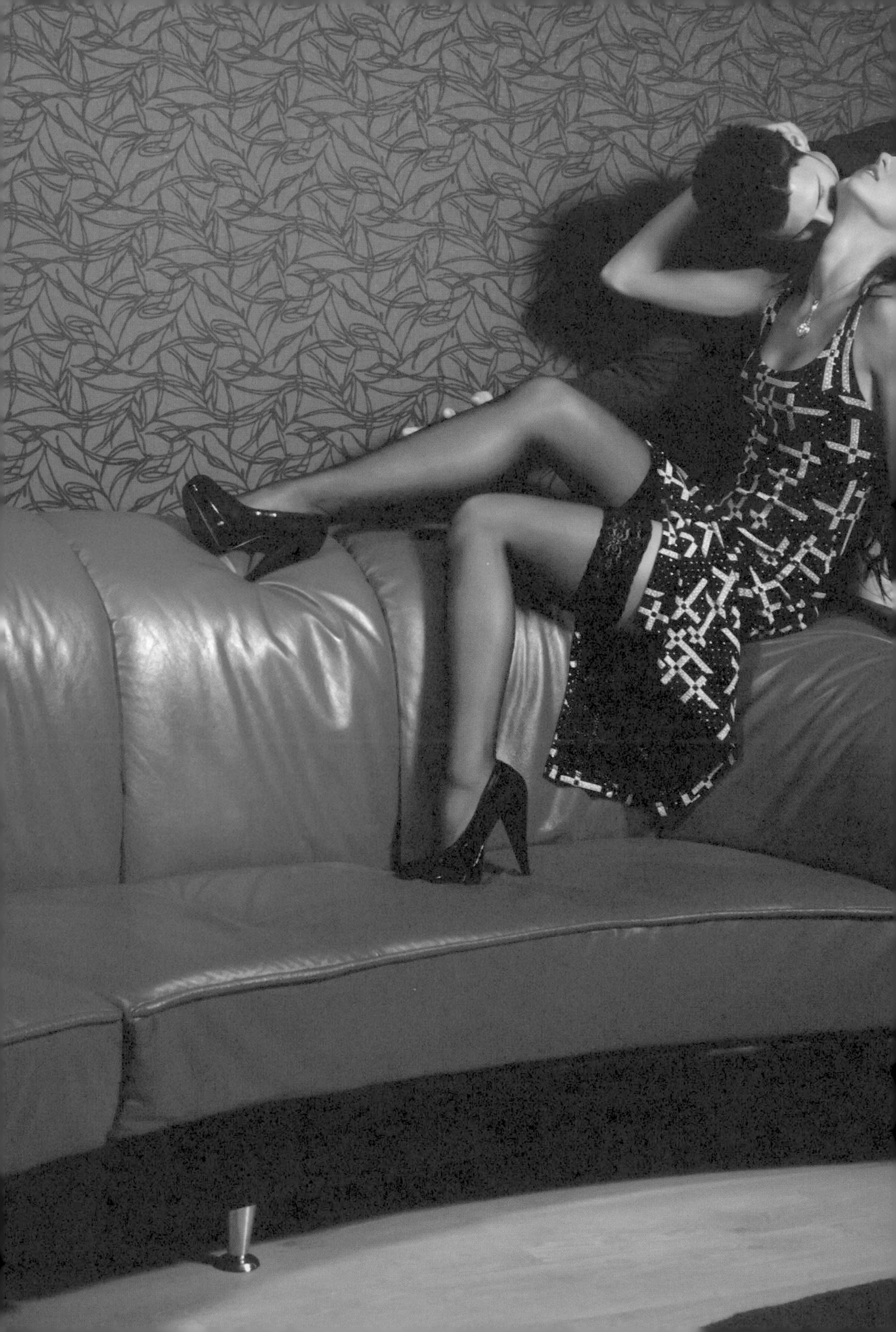

無論關係有多麼親密
還是要保留一些空間
不只讓彼此可以自由呼吸
還可以用想念
拉近兩顆心的距離

懶得解釋誤會多

「一味地默默耕耘」和「惦惦呷三碗公」，看似是兩種截然不同的處事態度，其實反映的都是相同的性格——缺乏自信，不肯溝通。

有段時間，曾經到偏鄉擔任課業輔導的義工。途中遇見一位學校的老師，很巧合地聊起我們共同認識的孩子。她提到某個很頑皮的小孩，同伴都叫他「大頭」，感嘆地說：「這小孩很聰明，但就是不用功！」跟我觀察到的面向大異其趣。

在我眼中，大頭是個很認真學習的孩子，只不過讀書的方法不對，所以才事倍功半。

正好我的包包裡，有大頭的習作本，攤開來看，她嚇了一跳：「沒想到他做了這麼多的課後練習，真教我刮目相看！可是我實在不懂，他為什麼上課的時候總是漫不經心？」

後來我私下找大頭聊了很久，慢慢地才發現，他其實有很深的自卑感，覺得學校老師並不喜歡他，未曾得到老師的重視與肯定，上課時常常低著頭，沒有注視老師及黑板，所以老師認為他是因為不專心才導致課業成績不好。當外在的表現不如人意，即使私底下堅持默默耕耘，還是很難被認同。

埋頭苦幹，卻常常被誤會

永松在貿易公司擔任財務工作，老闆曾經提及要他比較往來銀行貸款的條件。上班時間很忙碌的他，利用下班時間找在銀行服務的同學及親友，到處打聽中小企業貸款的資訊。

但因為公司規模小、人數少、營業額不高，能夠適用的貸款專案不多，利息很驚人。他一心要找更優惠的貸款專案，來不及向老闆報告實際的情況。有一天，被老闆叫到辦公室訓斥，心中都是滿滿的委屈，他卻沒有替自己申辯。

問他為什麼要蒙受不白之冤，他卻回答說：「我很了解老闆的個性，跟他說實情是沒用的，只會被罵得更慘而已。老闆會認為，

事情做不好還狡辯。為了避免彼此衝突更多，不如少講兩句。」

除了上述兩個案例，以下還有另一個實例，非常相愛的靜萱和大偉，曾經為了一件小事吵到快要分手，原因是他無故消失兩天。後來才知道他是臨時回南部，因為父親被機車撞到，情況很緊急。

靜萱氣急敗壞說：「這種事有什麼好隱瞞的，你可以告訴我呀。」

大偉無奈地回答：「我就是怕妳窮緊張，會擔心！」

從前，我的個性比較實事求是，路見不平時，難免得理不饒人。但每次想到這三個案例，就會立刻收斂咄咄逼人的態勢，審慎思考對方是否有難言之隱的苦衷。

儘管，我習慣「打開天窗說亮話」的溝通方式；不過，當我碰到悶葫蘆型的人，進行溝通時還是要提醒自己：先容忍對方片刻的沉默，不要太衝動地以為他不說就是心虛，以免錯怪好人。否則，最後還是要拉下臉道歉、放下身段去收拾殘局，豈不是更囧大。

默默耕耘談感情，演變成缺乏溝通

默默耕耘，是美德？若是從事公益活動，為社會大眾付出，我很同意這樣的做法。但是，如果是工作職場，或戀愛情場，其實我並不贊成默默耕耘的態度，因為很容易給別人帶來困擾。

畢竟，工作和戀愛，都需要高度互動溝通。若是自己一味地埋頭苦幹，不主動去了解別人的需求，很容易造成彼此之間的障礙。付出愈多，城牆愈高。

辛桐是個木訥寡言的男生，和杏嫣交往好幾個月了，就因為這樣的個性，而讓彼此都很困擾。

他獨自去逛旅遊展，購買特價優惠的五星級飯店下午茶餐券，使用時效是半年。因為兩人的課業都很忙，假日還有家教及社團，

能夠相約去享受下午茶的機會並不多。在事前沒有規劃的情況下，他偶爾臨時起意想邀杏嫣去享用下午茶，總是很難成行。

直到優惠券期限到了，他才告知實情。杏嫣其實是替他感到非常心疼，但表現在言語上，卻變成是很生氣的樣子，兩人為這件事情大吵一架，氣憤難平地收場。

類似的情況經常發生，讓辛桐覺得自己老是被否定，彷彿做什麼都是不對的。於是，彼此的溝通模式往負面的循環發展。他愈來愈怕犯錯被她指責，就愈來愈不想跟她溝通。可是，愈是不溝通，就愈容易犯錯。

男人愈迴避，女人愈心急

半年多過去了，事情有了驚人的發展。有一個晚上，杏嫣心血來潮地想要看看辛桐的手機，他卻流露出很驚慌的樣子，搶著拿去刪掉幾則簡訊。這個動作實在太明顯，若說要辯稱心裡沒有鬼，恐怕是連鬼都不會相信。

隔天，杏嫣打電話到電信公司，報了辛桐的個人資料，申請到完整的通聯紀錄，詳細比對時間及紀錄，發現他這兩個月來行為異常。晚上十一點多，明明打電話給她說：「很累，要睡了！」卻和一個陌生門號的女孩，頻繁地聊天到凌晨。

儘管被杏嫣掌握到這些證據，辛桐還是堅持不肯承認自己已經劈腿，非要杏嫣把第三者約出來見面，他才要認錯。結果反而更難堪，分手之後連朋友都做不成。

從辛桐身上，很容易可以看到這個事實：「一味地默默耕耘」和「恬恬呷三碗公（意味：在不被發現的情況下，私下獲得利益）」，看似是兩種截然不同的處事態度，其實反映的都是相同的性格——缺乏自信，不肯溝通。

情侶相處若出了問題，無論怎麼分析，都還是可以歸結為：「一個巴掌，拍不響！」打擊對方自信的這一方，固然的確有錯；不肯面對現實的那一方，更需要學會對自己負責。

正牌女友變小三

對於已經擁有的東西，
我們比較容易知道它的缺點，指出哪些地方不適合；
對於還沒有到手的東西，
我們是用想像力在享受它的美好。

有關感情世界第三者的地位尊卑，從前的說法都是小三輸給正牌女友，她若有機會篡位成功，即使別人對她的行徑感到不齒，用的詞彙多半是「她被扶正」，意思是地位「升級」了。

但是，這件事情在惠甄的經驗裡卻相反。她原本是正牌女友，自從她的地位在朋友眼中「淪為」小三後，反而覺得自己比較被重視、呵護。究竟，她是怎麼想的？大家都很好奇。

說來話長，交往五年，經歷過很多事，惠甄不得不面對一個很殘酷的事實，宇錫根本是個慣性劈腿的累犯。她傷心過很多次、也原諒過很多次；宇錫同樣說要悔改很多次，卻又重犯很多次。無數個小三，就這麼來來去去，兩人卻是怎麼樣都分不開。

最後這次，惠甄開竅了！再也流不出眼淚的她，執意要分手。反而是宇錫痛不欲生，再三說自己完全不能適應沒有她的日子。

惠甄身邊的朋友獻策說：「好吧，妳何妨讓他多陪妳一段日子，妳就當作利用這段期間騎驢找馬，尋找另一個感情的歸宿。」

惠甄的反應很茫然，宇錫認為她不置可否的態度，就代表兩人還有機會。只不過不知不覺中，兩人的相處模式逆轉。宇錫開始很坦然地和惠甄分享他與新女友的交往進度；而惠甄也會很聰慧地交代宇錫，別讓新的女友知道兩人還藕斷絲連，否則對方若是爭風吃醋，會讓夾在中間的宇錫很為難。

劈腿男人常忽略正牌女友的需求，卻對小三殷勤備至

渴望繼續腳踏兩條船的宇錫，似乎沒有察覺惠甄只是以緩兵之計漸漸引退，還以為惠甄很體貼地幫他設想如何維繫三人行的關係，反而覺得對惠甄感到很虧欠，加倍想要對她好、付出更多，做為彌補。

因為長期處於被忽略的狀態，慢慢要抽身離開的惠甄，竟體會到「正牌女友變小三」的奇妙好處——她不必把所有的時間和心力花在一個男人身上，也不必對他噓寒問暖，更不用費心管他吃飽了、還是餓著了。只需要花一點點時間陪他說話、聽他訴訴苦，就可以得到他比從前更多倍的付出和關愛。難怪有這麼多女生，搶著要當小三。

如果同樣要跟另一個女人分享一個男人，與其當正牌女友，還不如當小三。這是過來人惠甄最深刻的體會。也是這個愛情「多角化」時代，女人很不得已的覺悟。

而劈腿的男人，到底犯的是什麼錯誤？為什麼常忽略正牌女友的需求，卻對小三殷勤備至？這純粹只是他慾求不滿的賤骨頭作祟、還是另有微妙的心理因素？

其實，男人之所以會偷腥，對和他同性的知己好友宣稱的藉口，總不外乎是：一時好奇、克制不住嘗鮮的衝動、擋不住誘惑……大部分的焦點都是第三者給他的吸引力；另外一種可能，就是對現實的不滿，說正牌女友的缺點，講話不尊重他、沒給他足夠的面子、個性很倔強、十分難溝通……

以上原因，都可以成立。當男人不能忠於最初的感情而出軌時，說什麼都有道理。即使這些道理未必能夠得到朋友的全面支持或認同，但至少大家都會認為是「無風不起浪」；但所有的人都忽略了，這些無論是理由或藉口的核心癥結問題，都是出在：**他不懂得珍惜手中已經擁有的，只是看到外面還有些東西是他尚未擁有的，就渴望去追求。**

喜新厭舊的行爲背後，存在著怕麻煩的心態

對於已經擁有的東西，我們比較容易知道它的缺點，指出哪些地方不適合；對於還沒有到手的東西，我們是用想像力在享受它的美好。而且，對現實已經擁有的愈不珍惜、愈是不滿；對尚未擁有的想像力就愈高、愈豐富。

現代年輕男女的感情觀，有點像很快就會推陳出新的3C產品，發現故障時，想到要送修，就覺得麻煩，還不如放在抽屜裡，眼不見為淨，另外再買新的就好。漸漸地，抽屜堆滿不要的東西；

手上的新歡，很快就又被丟進抽屜裡。

存在宇錫喜新厭舊的行為背後，就是這種怕麻煩的心態，解決既有的問題很費事，不如找新的試用看看，不久之後，他又發現新的對象，也有新的問題。

他運氣比較好的是，惠甄並沒有因為他的背離，就放棄一個女友應該盡的責任。在她被丟進抽屜裡的那段期間，還是默默守護他，直到抽屜擠滿這些被用過即丟的回憶，擁擠到她都無法呼吸，才選擇罷工。

沒想到，當她自動要求被送到資源回收中心前，宇錫眼看著就要真的完全失去她了，才又開始回頭想要珍惜。

這是感情世界中，很典型的矛盾心理：**若不懂得珍惜已經擁有的，就愈想要向外追求；但是，在真正學會珍惜之前，追求愈多，只會失去愈多！**

分手後繼續偷情

有些小三存心想要篡上大老婆的位置，替自己「升格」；但是對於某些永遠不知道滿足的男人來說，小三的位置比老婆更值得珍惜。

無論過去再怎麼熟悉，分開六個月沒有接觸，彼此久違的肉體，翻滾起來都有難以言喻的新鮮感。

夢玲變換多種姿勢，誇張地在書偉身上做出野性的動作，就是刻意要讓他知道，她也可以如此豪放。夢玲和已經分手的男友書偉再度上床，談不上舊情復燃，只不過享受偷情的滋味裡，有報復的快感。

當初是因為第三者介入，書偉自知瞞不過夢玲，主動向她認錯。男人雖有勇氣面對現實，卻未必有智慧做出抉擇。夢玲發現他沒有想要和小三斷然分手，最後的結果就只能選擇自己離開，成全書偉和他的外遇對象。

傷心歸傷心，現實歸現實！夢玲之所以可以瀟灑地走，是因為她早已把事情看破。

這並非書偉第一次出軌，他早有不忠於感情的紀錄，而且不只一次。眼淚漸漸流乾的夢玲，終於有了醒悟：書偉這個男人有點賴皮的性格。他知道正牌女友是永遠的靠山，才敢在外面逍遙；沒有想到這個靠山，也會有倒塌的時候。

女人離開一個男人的理由，有時候不一定是絕對不愛了，而是知道自己再愛下去也不會有好結果，不如來個置之死地而後生，雙方都自由。

偷情好比吃炸雞，要記得擦嘴

事情果然不出所料，才分手半年，書偉就知道夢玲才是對他最好的女人。他常假藉各種理由跟她聯絡，連她的生日、聖誕節、跨年都會捎來問候與祝福，意圖非常明顯。他想表達對她的虧欠，也透露出他對她不能忘情。

和劈腿的前男友上床，夢玲彷彿重拾分手時被踐踏的尊嚴，讓那個「鳩佔鵲巢」的第三者，同樣嘗到被男人背叛的滋味。

夢玲在報復的快感中，體會到一個很有趣的道理：有些小三存心想要篡上大老婆的位置，以為那是替自己「升格」；但是對於某些永遠不知道滿足的男人來說，小三的位置比老婆更值得珍惜。像夢玲這樣，從大老婆變小三，才是真正的「升格」。

書偉載著夢玲離開汽車賓館，感覺肚子餓，把車開進速食店的「得來速」車道，點一桶炸雞。然後把車停在路邊，兩人一起享受熱騰騰的美食。皮酥脆、肉多汁，新鮮甜美的滋味，滿足口腹之慾之餘，也把剛剛激烈地發生親密關係所消耗的體力補充回來。

夢玲的食量不大，吃了兩隻雞腿就吮指擦嘴，另外四塊大腿骨，書偉還繼續啃得津津有味。夢玲看到他囫圇吞棗的吃相，對照他在床上興致勃勃的樣子，想到「食色性也」這四個字，領悟很深。她想要繼續觀察他吃完炸雞後，有沒有把嘴巴擦乾淨？就像他每次外出偷腥，是否記得把所有的證據都湮滅？

書偉果然是專業等級的偷腥高手，吃完炸雞後，他從車廂下方的小置物盒，拿出一包濕紙巾，不但把雙手和嘴巴擦拭得很乾淨，

還隨手把發票丟進盛裝炸雞骨頭的圓形紙筒裡，以免留下任何證據。比照這些刻意湮滅偷情證據的細小動作，對應到書偉原本個性裡的粗枝大葉，夢玲終於原諒了他、也原諒了自己。

正牌女友像是正餐，粗茶淡飯才能常保健康

剛分手的時候，夢玲還常常責怪自己、怨嘆對方，為什麼沒有及早發現他劈腿偷腥？

如今才知道他為了偷腥，多麼費盡心機！從前是他背著夢玲，和別的女人亂搞；現在他背著已經扶正的新歡，和分手的女友夢玲偷情。

男人究竟是不知道自己要什麼；還是因為要的太多，才迷失自己？

已經痛失所愛的夢玲，還是弄不清楚男人想什麼，卻不容許自己繼續糊塗。她決定放過對方、也放過自己。因為她終於知道：當小三比較輕鬆，要成為正牌女友容易疲累。**除非男人懂得珍惜，否**

則疲累的女人終會把自己從感情中辭退。

男人在外面偷情，就像吃炸雞！當他餓慌了的時候，熱騰騰的炸雞，香滑順口，立刻滿足食慾，根本不用去想健康問題。正牌女友或老婆，比較像是日常三餐飲食，有時候必須刻意粗茶淡飯，才能常保健康，既要顧慮到營養夠不夠均衡，還要避免造成心血管的負擔，更何況還要幫他傳宗接代、生兒育女，責任非常重大！

卸下重任的夢玲，因為和已經分手的前任男友偷情，而對於小三這個角色有了更深入的了解。她不打算走上這條不歸路，卻在理解中學會諒解。

把情人推給情敵

伴侶相處，應該以互信的基礎，保持適度的覺察，若已經多次發現異狀，不妨心平氣和地討論，澄清心中的疑慮。

情人的眼裡，容不下沙粒。一對一的交往，是最幸福的感情關係。但是，人生路上難免出現可能有意挑釁的情敵，或者只是因為自己多心而冒出來一個略具威脅的假想敵，這時候該怎麼辦呢？

我曾經在兩性課程裡，問同學這個問題。各種不同的答案，此起彼落地出現在座席之間。包括：「勇敢擊退他！」「乾脆讓給他！」「默不吭聲，悄悄地觀察。」「先給不安於室的情人一頓痛打！」……顯然地，這些同學的回答，有的是理性思考過後的做法，有些只是情緒的抒發，有的純粹是玩笑話。

真正有實際經驗的個案，回答這個問題的時候，就沒那麼輕鬆囉！

碩豐是個比較沉默寡言的男人，相對之下，杏媛的個性就活潑多了。熱戀期，可以互補的兩個人，大部分相處的時候，都感覺很幸福。

隨著時間的累積，生活的波折和摩擦漸漸增加，即使內心還是很相愛，情緒湧上來的當下，還是會有僵持的局面。

通常，比較活潑的杏媛，都因為憋不住氣而主動求和。後來有幾次，冷戰拖長了，碩豐開始懷疑：「難道她變心了？不在乎我和她的感情？」因為，他發現杏媛愈來愈晚回來，到家就躲在房間講電話……

有小誤會時應該理性溝通，積極努力挽留

他知道她交遊廣、朋友多，心情不好總可以跟別人說說話。但也正因為如此，他愈來愈沒有安全感，開始偷偷查勤，還調閱通聯紀錄，終於找到罪魁禍首，是杏媛大學的異姓好友阿德。

對方失戀多年後都沒有再交女友，全心投入於工作。聽說就讀大學的時候，他和杏媛曾經曖昧過。把這些蛛絲馬跡拼湊起來，碩

豐一口咬定杏媛必定是想劈腿了，才會跟那個男人過從甚密。

杏媛聽見這樣的指責，完全無法接受。她認為被故意栽贓，純友誼被曲解，盛怒之下丟下一句話：「既然你這樣想，我就做給你看！」然後就和碩豐分手，投向阿德的懷抱。

事後，碩豐非常懊惱，後悔自己不該魯莽，親手把情人推向情敵的懷抱。好友們舉證歷歷，杏媛和阿德本來真的只是很聊得來的老同學，硬生生被失去理智的碩豐湊成一對。

如果他當時能夠理性溝通，積極努力挽留，或許故事的結局就不是這樣了。

當感情面臨可能的外來威脅時，神經大條的人渾然不覺，細心敏銳的人又疑神疑鬼，這兩種極端的態度，其實都無助於彼此團結同心，對付外來的誘惑、以及情緒的內訌。

只要心中沒有怨恨，分手也可以算是幸福的決定

以下是兩個不同的個案，恰巧是兩個極端的典型。

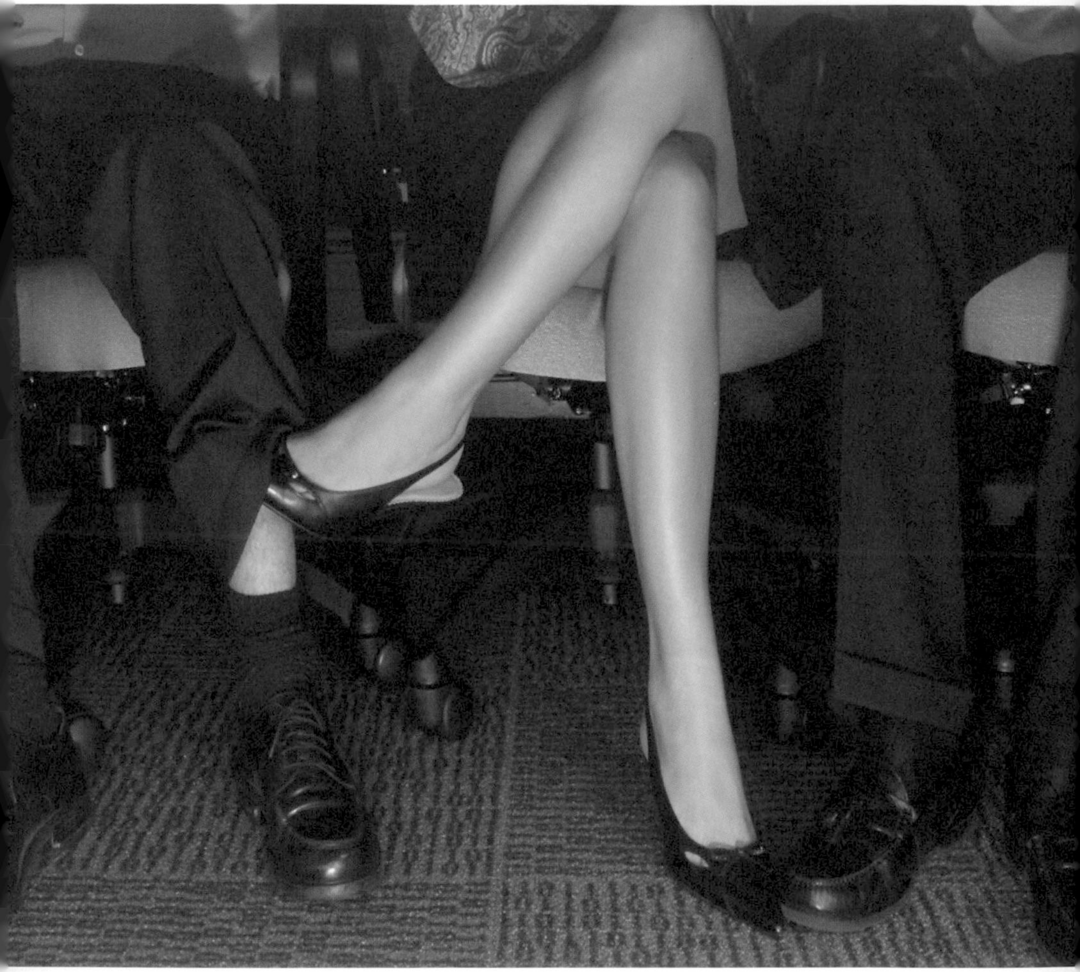

男人想要、女人該懂的親密關係
Intimate relationship of Men & Women

大而化之的素櫻，跟男友交往三年多了，他們一開始就說好，是以「結婚交往為前提」，彼此都很認真投入這段感情。無奈出現橫刀奪愛的第三者，女方是跟男友近水樓台的同事，相處時間比素櫻還長。

男友以加班為藉口，和對方發展出軌的感情。即使他下班後對素櫻態度很冷淡，她都以為是因為工作太累，完全沒想到是他故意表現不耐煩，試著激怒她，最好是大吵一架，以便於談分手的事。最後，無計可施的男友在第三者的逼迫下，主動跟素櫻提出分手，她竟也照單全收。

事後，素櫻還非常內疚，認為是自己疏忽了對男友的關心，導致他覺得不被重視，才會劈腿。

男友辜負素櫻的信任，她卻還如此深深自責，朋友都看不過去，紛紛替她打抱不平。但是，從另一個觀點來看，素櫻還是幸福的女孩，因為她心中沒有怨恨，只有包容與諒解。

另一個女孩倩宜，坦承自己是個很神經質的情人，沒事就會想東想西、疑神疑鬼。她的男友是個每天伏案工作，撰寫程式超過十小時的工程師，筆記型電腦裡Skype所有的帳戶都必須經過倩宜過濾。

緊迫釘人的時間久了，男友愈來愈無法忍受，覺得自己工作已經忙到像個奴隸，回家又被女友當成囚犯。他沒有變心，只是對兩個人綁在一起的生活累了，決定要分手，重拾一個人的自由。

最大的情敵，是不斷猜疑的自己

以上兩個是極端的實例，比較適當的做法應該是：以互信的基礎，保持適度的覺察，若已經多次發現異狀，可以找個彼此都能夠心平氣和討論的時間，澄清心中的疑慮。

如果印證感情真的已經有變化，就不要再互相欺瞞，勇於面對事情的真相，對雙方都好。當然，最好的情況是：只是誤會一場。講清楚，就沒事了！

唯有經過感情歷練的人，才會發現：**最大的情敵，其實不是外面充滿誘惑的第三者，而是存在於彼此之間的猜疑，所造就出徬徨不知所措的自己。**

偷腥絕不留證據

關於偷吃這件事，
男人的壞，其實對感情只有一半的殺傷力；
男人的笨，才是最後完全毀滅彼此信任的邪惡勢力。

遊蕩幾個月下來，荔敏也可以算是夜店玩咖了。起初她只是因為失戀，想要療情傷，找個地方讓自己放鬆一下，沒想到流連夜店會上癮，如同聽男人的花言巧語，明知是謊言，卻也聊勝於無。

愛的謊言聽多了，並非難辨真假，而是真假變得不重要。

荔敏傷心的時候，需要一個男人的肩膀依靠，就盡量不去想他是否真的可靠；否則，最後還是一個人回家，躺在難眠的孤枕上等待天明。她丟下禮教的包袱，享受男人的體溫，即使是短暫的一夜情，連對方是單身或已婚都不過問，反而讓自己變得搶手。

荔敏不去計較別人在背後怎麼說，她只要自己玩得愉快，漸漸地她在床上的閱歷變得豐富，什麼三教九流的男人都見過。

好友問起她：「哪個男人令妳印象深刻？」她的答案竟是：「一個已婚男人，發生親密關係後，他把用過的東西和衛生紙，整個打包帶走。」這個舉動讓荔敏很難忘懷，也很難釋懷。

當時，她其實很想問他：「為什麼要如此小心翼翼？」「難道是害怕留下證據？」或只是故作輕鬆地說：「你有潔癖嗎？」可是她畢竟很識大體，不想把這種來路不明的短暫關係，搞得太過於劍拔弩張。所以她只把這些舉動盡收眼底，沒有拿出來當作研究的話題；倒是那個男人表現得落落大方，自動解釋：「太大一團了，怕塞住馬桶。」

偷腥後還懂得把嘴巴擦乾淨的男人，個性很謹慎

反正荔敏沒有想要跟他有進一步的關係，於是可以完全不必理會他真正的想法和動機。

如果他是因為已婚的身分，或是不想將來要負任何責任，所以

打包所有可能留下證據的東西，那麼這些謹慎的動作，更讓她打從心底有了敬意——在外面偷吃完畢，還懂得把嘴巴擦乾淨，這樣的男人雖然品德不夠高，但至少他的吃相還算好。

關於偷吃這件事，男人的壞，其實對感情只有一半的殺傷力；男人的笨，才是最後完全毀滅彼此信任的另一股邪惡勢力。

曾經有位享譽國際的體壇明星球員，因為外遇事件曝光，而迫不得已要向社會大眾道歉。需要大動作認錯的最主要關鍵原因，是因為照片被週刊曝光，若沒有積極處理，很可能對他的形象有更深的傷害。畢竟，感情是很私人的事，沒有對錯可言；但是，外遇的親密照片曝光，就必須面臨輿論的壓力。

暫時放下婚姻的道德與倫理不論，我身邊很多熟男朋友都是他的球迷，大家都替他感到扼腕，有些聲稱「跟他犯過同樣的錯」的男子，還情緒激動地說：「他怎麼會笨到留下這些證據？」而且，證據還不少哩！除了照片也就算了，還有定情對戒，才是天真浪漫到無可救藥。

多數外遇的男人，終會被妻小原諒

有趣的是，我問過很多當過別人小三的女人，絕大部分都擁有過定情對戒，理由是：「既然連名分都沒有，一對戒指並不為過吧？」

接著，問題就來了。男人偷腥期間，在小三身上留下的證據愈多，將來想要結束這段不倫關係時，付出的代價就會愈大。

如同新聞事件中，體壇明星球員外遇的女友說的：「你知道這些照片值多少錢嗎？」這句話，對照相片中臉貼著臉的親密神情，顯得格外諷刺。因為，在不倫的關係裡，禁不起時間考驗的濃情蜜意，終將變成不惜毀滅雙方的威脅恐嚇。

只要外遇的對象，對這段被迫中止的關係有異議，而不是出於自己的意願，報復的行為，就在說再見的同一時間啟動。因為，她不甘心。

不甘心的這一方，有幾個心理上的特質：

1. 感覺自己很弱勢。

2. 感覺自己被利用。

3. 感覺自己不值得。

於是，怨女復仇記，就從此搬上檯面。

可惜的是，通常怨女復仇，只會讓自己傷更多。多數外遇的男人，終會被妻小原諒，留下在別人婚姻中變得裡外不是人的小三，成了千夫所指的對象，懷著怨怒與惆悵，獨自療傷。

床上男人的長處

男人沒錢未必是垃圾，
只要他擁有別的長處，
但這項長處必須好到女人願意養他。
否則，誰都沒有把握可以撐到什麼時候。

從熱騰騰的床邊翻滾下來，珮芸穿上衣服的時候，心裡沉沉的。晉弘的呼吸聲很均勻，下體還高高地搭著帳篷。都二十七歲的男人，怎麼還跟高中生一樣呢？難道昨晚來了兩次，還不夠嗎？

珮芸準備上班去。有時候，她很羨慕晉弘可以活得這麼無憂無慮，失業三個多月，像放暑假似的，活得好悠閒。更多時候，她會擔心這個男人的未來，連帶地想著：「我就要這樣跟他下去嗎？」

除了暫時沒有工作、沒有收入，晉弘還算是個不錯的情人，尤其在性愛方面的特長，讓珮芸在激情的時候常常會誤以為：所謂的幸福，光是做愛就夠了。然而，激情的時間，畢竟是很短暫的。清醒以後還有很多人生的現實要面對。

從前，共同支付生活所需，珮芸還能應付自如。如今，大部分的開銷都靠她，財務方面其實過得去，就是心理壓力大到令她無法喘息。她在意的不是金錢的問題，而是這個男人閒散久了，會不會變得沒有出息？

女人想鼓勵頹廢的男人振作起來，卻常用錯方法

當珮芸看到流傳於網路上的畫面，她的心底很有同感。地鐵車廂內一名女子潑辣地在地鐵車廂叫罵：「看你這副窩囊樣，你沒錢，男人沒錢就是垃圾！」、「沒錢，想起來就讓我覺得可怕，你知道嗎？」她看男人無動於衷的樣子，撂下最後一句：「瞧你這樣子我們不可能了，今天晚上我就搬走。」

網友齊聲高罵那潑辣的女人拜金，完全無法體會女人面對過度消沉的男人，在失望透頂之後，會有多麼絕望悲憤。她其實是想要鼓勵頹廢的男人振作起來，偏偏錯用了「激將法」，反而把自己搞得人神共憤。

男人想要、女人該懂⑩親密關係
Intimate relationship of Men & Women

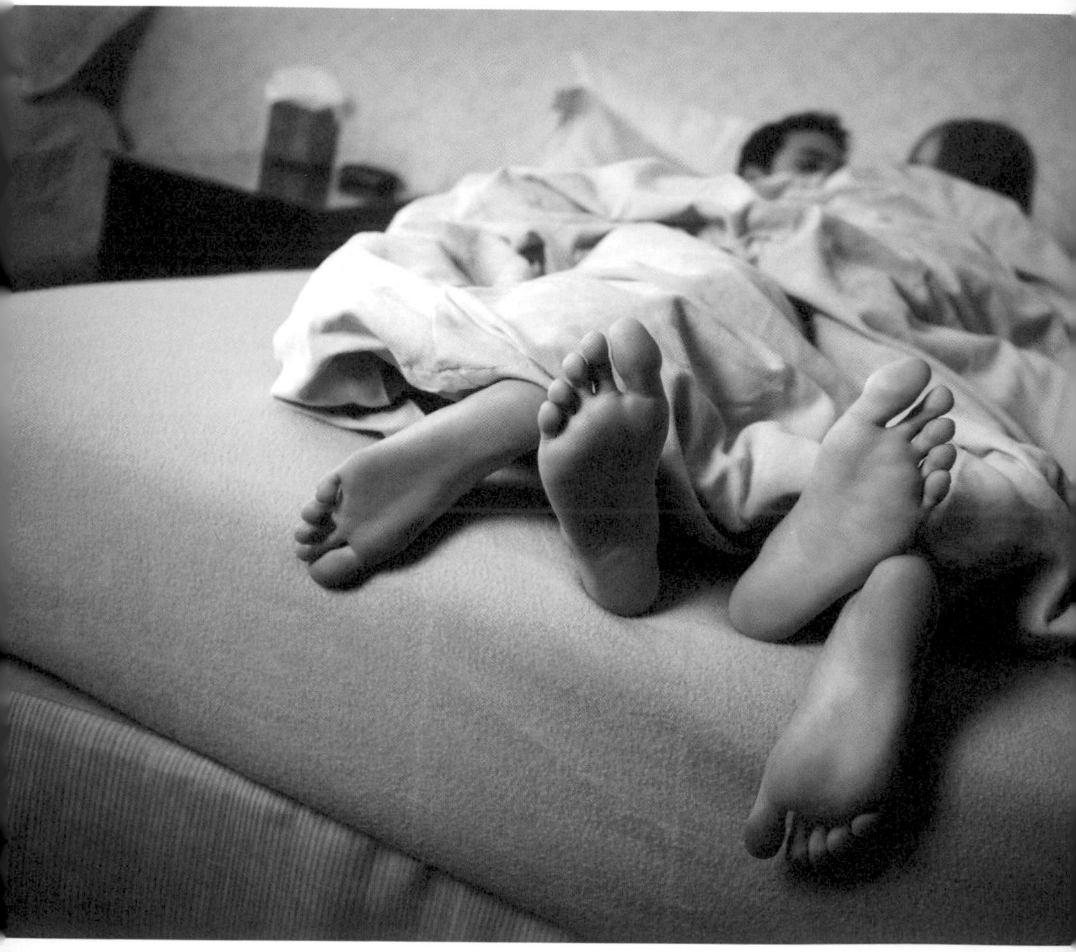

珮芸心底也有類似的苦衷，唯一可以稍感安慰的是：至少晉弘並非一無是處，至少他在床上還滿盡力的，在感情上也很專一。男人沒錢未必是垃圾，只要他擁有別的長處，但這項長處必須好到女人願意養他，否則，誰都沒有把握可以撐到什麼時候。

雖然令人滿意的性生活，是感情中很重要的基礎，但不會是兩個人在一起唯一的目的。如同金錢很重要，但如果兩人只是因為金錢而結合，彼此也不會快樂太久。

儘管，中國大陸的電視節目曾經有女性來賓嗆聲：「寧可在寶馬（BMW）車中哭，也不願在自行車後笑！」但是，她顯然沒有真正在名車中，因為被劈腿或地位不對等受辱而傷心地痛哭過；也未曾在所愛的男人自行車後座開懷地笑過。否則，她不會做出這樣的宣示。

打手槍贏拿獵槍；宅男不婚也能自得其樂

我的損友阿康，最喜歡對他眼中不上道的女人吐槽。基於對朋友的尊重，我當然不能貶損他「狗嘴吐不出象牙來」，更何況，

他有時候說的話，還真有幾分道理。他認為，會講出「寧可在寶馬（BMW）車中哭，也不願在自行車後笑！」這句話的女人，不但虛榮得可笑，而且很沒見識。

阿康說，名車很多是二手的、甚至是發生過重大事故的，外表好看而已，其實很廉價；自行車也並非都便宜，很多玩家騎的單車都超過新台幣二十萬哪！可是，這些高價的自行車，絕對不可能設後座，愛慕虛榮的女人連坐在後面哭的機會都沒有！他果然是在夜店等歡場閱人無數的男子，三言兩語就破解了拜金女的盲點。

當愈來愈多女人向「錢」看，落魄男人確實愈來愈沒市場。不過，有錢的男人也因此變得愈來愈有警覺性，無論他開的是名車，還是單車，只要發現女人覬覦的不是他的人，而是他的車，多數就是陪著玩玩，沒有付出真心。

在紅塵翻滾多年的阿康，到頭來發現：女人若是太難搞，寧可自己來。何必為了兩秒鐘的高潮，費那麼多工夫！他還套用幾年前金馬獎頒獎典禮後，最佳新人獎頒給電影《那些年》的帥哥，而使得《賽德克》的頭目落空，網友所發出的不平之鳴：「一人打手槍，勝過三人拿獵槍！」

難怪像日本這樣性工業很發達的國家，情趣用品中有很大宗是為一個人的性愛而設計，讓必須單獨在床上吃自助餐的孤男寡女，也能品嘗到滿漢全席的美味啊。很多宅男因此走上不婚的路途，在自得其樂中忘了女人的體溫。

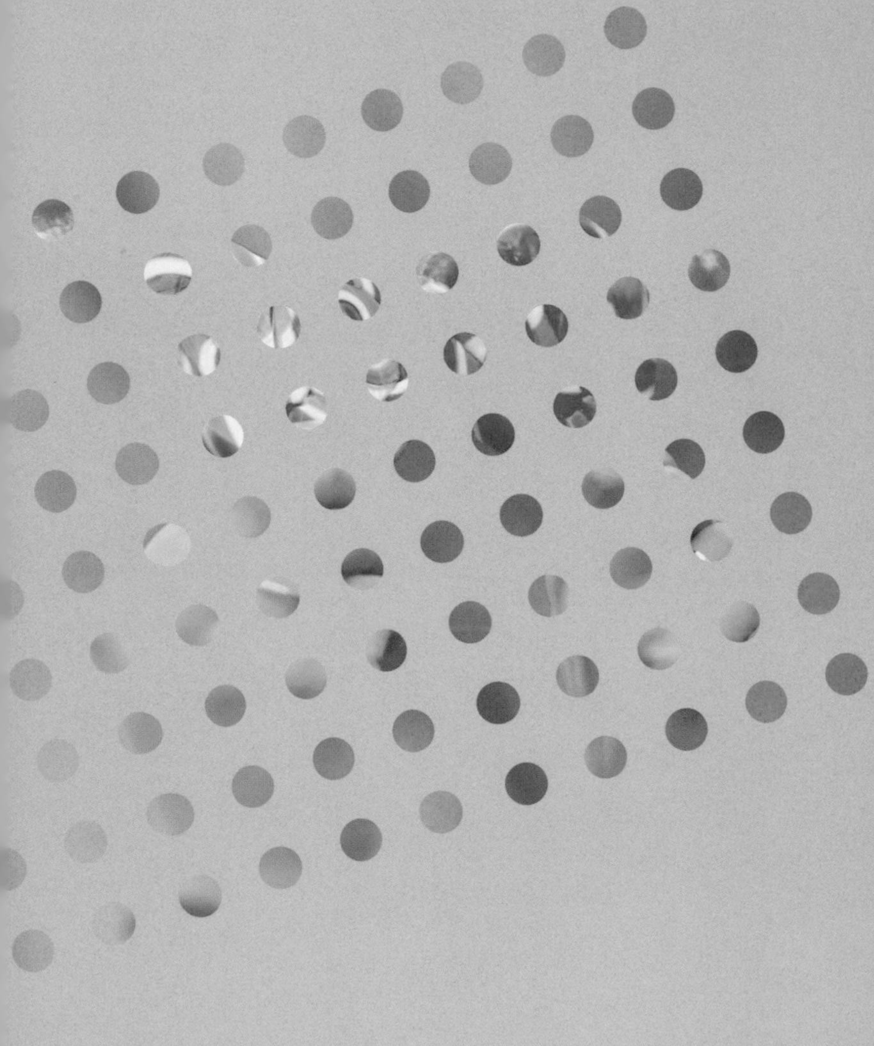

mable

C

PART

堅定愛的信念，確認善的動機

用承諾看顧彼此的心！

男人覺得女人很難搞；
女人認為男人超麻煩。

男人要自尊、還要自由，
懂得拿捏分寸的女人，才能進攻退守。

當彼此願意了解對方，
幸福的交集就會更寬闊。

Confir

孤枕也能有好眠

讓感情可以輕鬆自在持續下去的一個很重要的秘訣，是在彼此信任的基礎上，各有各的空間。甚至，有必要在感情很好的時候，就刻意練習適應孤單獨處。

從熱戀之後就同居，茵茵和黑皮愛到片刻不可分離的地步，他們同進同出、共寢共食，連洗澡都是鴛鴦浴。很幸福吧？呵呵。無論是別人問茵茵，或茵茵自己想，答案都是肯定的。兩人還不只一次在沐浴中翻雲覆雨呢！怎會不幸福呢？

美夢易醒，好景不長。這樣的甜蜜時光沒有維持多久，幾個月之後，黑皮就因為皮膚泡水容易過敏，而縮短沐浴時間。他開始把兩個人的鴛鴦浴，洗成一個人的戰鬥澡，茵茵難免覺得落寞。幸好，他圍著浴巾離開浴室前，都還會親吻躺在浴缸裡的茵茵，甜言蜜語說：「寶貝，放鬆心情，多泡一下澡喔，我先出去，把身體擦乾。」

其實，他是利用茵茵在浴室的短短幾分鐘，趕快出來呼吸一下新鮮的空氣。感情發展到這個階段，他唯一能偷偷享受自由的途徑是：上網打開個人的電子郵件信箱收信。

別誤會！他沒有劈腿、也沒偷吃。至少，目前還沒有；但是，以後就很難說了。這也不能說是茵茵把他管得太緊，而是兩個人不知不覺發展出「如膠似漆」的相處模式，連茵茵提出兩人共用同一個電子信箱的建議，他都照單全收。從此，雙方所有的私人郵件和垃圾信件，都匯入同一個帳號裡，生活中的任何大小事，都無所遁形。

漸漸地，他有時覺得快要窒息。於是，偷偷地開了另一個私人信箱，和幾個從臉書上認識的朋友魚雁往返，純粹只是聊天而已。

就算兩個人的感情再好，
還是要保留一些各自的空間

是的，純粹只是聊天而已。聽他講得冠冕堂皇，我問他：「若被茵茵發現，結果會怎樣？」他的表情立刻變得心虛。

固然，這件事的錯並不完全在他；但是，至少雙方都是共犯。就算兩個人的感情再好，還是要保留一些各自的空間，不能把對方當犯人一樣看守。

在不傷害感情的前提之下，各自保有一點無傷大雅的秘密，不但是可以接受的現實，甚至是維持幸福必要的條件。彼此都保留喘口氣的餘地，愛情才能有空間可以深呼吸！

年紀很輕的戀侶，總以為兩人要長相廝守，就是最好天天都要黏在一起，而且不能有秘密。其實，讓感情可以輕鬆自在持續下去的一個很重要的秘訣，是在彼此信任的基礎上，各有各的空間。甚至，有必要在感情很好的時候，就刻意練習適應孤單獨處。

熱戀的情侶總是黏ＴＴ，如果可以各自獨處，但不會做壞事，彼此將擁有更寬闊的幸福。例如：女友去逛街的時候，男生可以找哥兒們去打球。女友和姐妹淘喝下午茶，男生可以到３Ｃ賣場逛逛，看看有沒有新貨。

即使感情再親密的情侶，有些可能產生爭議或困擾的話，還是不適合跟對方說。如果當面說出來會令對方難過，或讓對方傷心，就不宜讓對方知道。但因為藏在心中很痛苦，卻又很想一吐為快，就必須找個可以傾聽的對象，抒發心事，或尋求諮商與建議。

比方說：「我媽很討厭你媽，覺得她既小氣、又很勢利……我很煩惱，不知道該如何改變我媽對你媽的看法？」這種問題，比較適合跟好友分享，不適合跟伴侶傾訴。

及早開始鍛鍊自己，習慣一個人過孤獨的生活

我的親友中，有幾對感情很好但具備危機意識的銀髮夫妻，已經開始訓練彼此單獨行動的能力，各自拜訪親友，或採購日用品。一位阿嬤級的資深熟女，以深謀遠慮的語氣跟我說：「早晚都會是剩下一個人生活，要趁著有體力的時候，及早開始鍛鍊自己，習慣一個人過孤獨的生活。」

或許，她真的是想得太遠了；但是，站在尊重彼此、珍愛自己的立場來看，總是有備無患。**即使和伴侶的感情很好，還是可以逐漸開始練習，擁有能夠孤獨自處的信心，就可以讓愛多點信賴、少點依賴。**

俗語說：「小別勝新婚！」暫時分開，將會創造出甜蜜的感覺，減少愛情的彈性疲乏；而面對歲月盡頭的生離死別，更需要有獨處的能力，才能讓先走的人放心，留下更多想念在彼此之間。

半分手狀態

究竟要繼續相處或立刻分手？
處於「半分手狀態」，有利有弊。
壞處是：有點麻木不仁；好處是：不會尋死尋活。

隨著感情進展的階段不同，相處的模式可能隨之調整。最近從朋友那兒聽到他們描述的情況，我創了一個新名詞「半分手狀態」，在嘖嘖稱奇的同時，見識到戀人相處的各種可能性。

其實也無所謂幸福或不幸福，畢竟感情的事沒有絕對，但憑當事人各自的體會，決定了他們感情的層次與厚度。

芝涵和男友相戀三年多，過程中因為他曾經多次劈腿，而呈現分分合合的狀態。

原諒，是一種會疲乏的情緒。

次數多了，怒氣少了，回到當初的希望也跟著幻滅。

他們彼此都宣稱離不開對方，但顯然也沒有打算好好重修舊好。

兩人年紀輕輕，歲數加起來不到五十，竟已經有老夫老妻的感覺。

彼此之間已經只剩下習慣性的依存，沒有激情的火花、也沒有浪漫的情懷，生活中僅存三餐與睡覺，連性愛都幾乎是春花與秋月加起來的頻率，半年才來一次。

所以，我把他們的相處模式稱為「半分手狀態」。

半分手狀態，未必都是不好的

另一對情人個案，是晏徵和他的同居女友，兩人已經冷戰多時，沒有講話。偶爾沒回來睡覺，對方也不會過問。只差正式提出分手，商量是哪一個人要搬出去而已。

他們共同的默契就是：各自開始騎驢找馬，等到確定要開始新的人生，就宣告仳離。但若彼此運氣不好，始終沒有碰到更好的對象，也可能就這樣拖下去。

前面芝涵的實例，是以繼續耗下去為共識；晏徵這一對，則是各自期待找到新的幸福。他們的相似之處在於：若是有一天，聽到對方主動提出分手，並不會太訝異，甚至連心痛的感覺都很微小。

聽見以上兩種「半分手狀態」，很多朋友的反應是：「與其虛耗青春，何不早點切個一乾二淨比較快？」

感情的事，不比切西瓜。究竟要繼續相處或立刻分手？每一對伴侶需要處理的時間並不相同。**處於「半分手狀態」，有利有弊。壞處是：有點麻木不仁；好處是：不會尋死尋活。**

以上所舉的實例，容易讓人聯想到「半分手狀態」都是不好的形式。其實，還有一種「半分手狀態」是非常正面的，但需要雙方都很成熟，才有可能辦到。

伴侶擁有彼此的承諾，卻像單身一樣自由

有一種伴侶把山盟海誓放在心底，願意守護對方到永遠。但是，彼此完全信賴，所以給雙方完全的自由。

身旁的朋友看來，甚至還以為他們是否已經沒有在一起了。

因為他們各自就像單身一樣自由，不必報備行程，另一半也不

會查勤，甚至連一通「關心」的電話或簡訊都沒有。

曼琪和男友就是以這樣的模式相處，曾經令好友十分不解或好奇。但是，真正深入他們的生活，就會知道這樣感情狀態，非常值得羨慕。

表面上，它可以稱為「半分手」狀態。實際上，用比較正確的方式形容，應該是：**伴侶擁有彼此的承諾，卻活得像單身一樣自由。**

舉例來說：喜歡旅行的曼琪，可以獨自旅行、也可以和三五好友結伴出遊。生活型態比較「宅」的男友，從不會反對她，也不會猜疑或抱怨。相對地，曼琪不會勉強他同行，出國也不會要他接送。

每當曼琪搭著巴士前往會合地點或機場，同行的姐妹都會關心地問：「他怎麼沒來送妳？」

她總是很瀟灑地回答：「何必這麼麻煩，我自己可以照顧好自己。」

幾次下來，朋友不敢多問，以為他們之間應該是出問題了。

可是，有一次旅行回來，曼琪邀同行的好友到家裡吃義大利麵，男友下廚招待大家，看他們甜蜜和樂的模樣，好友們才打開心中的疑惑，發現：能夠在戀愛中依然擁有單身的自由，真是一種難能可貴的幸福。

心靈可以依存，行動不要依賴

至於，要如何相處，才能在戀愛中擁有單身的自由呢？以下幾個條件是雙方都必須要具備的：

1. **高度的自律**：我曾提出「自由，是留給自律的人！」這項主張，深獲讀友共鳴。要對方不操心，自己就要做到令人放心。不刻意欺瞞、不做傷害感情的事，不僅能夠問心無愧，也能替自己贏得自由的空間。
2. **獨立的能力**：很多熱戀中的情人，想擁有自由，卻這個不會、那個不做，動不動就要對方來幫忙，無法真正獨立。必須彼此的心靈可以依存，行動不要依賴，才能成為真正幸福的伴侶。
3. **真誠的分享**：在各自都擁有很大空間的相處模式中，真誠的分享與認真的付出，是最能夠維繫感情於不墜的秘訣。即使聚少離多，也能有「小別勝新婚」的甜蜜。就算隔著再長的距離、再久的時間，都能以真心填補。

讓愛表裡如一

有些伴侶關起門來就吵架，卻在眾人面前曬恩愛。看起來，的確有點表裡不一，但卻是經營幸福的重要方式。

很少喝酒的誌嘉，在參加大學同學會時，居然被灌醉了！酒後吐真言，他在離席之前主動爆料，說自己非常勇猛，還說同窗女友曉卉看似端莊淑女，其實是私底下很熱情，兩人幾乎夜夜春宵！並且宣告兩人應該很快就會結婚，要趕快生小孩……

一起出席同學會的曉卉滿臉尷尬，攙扶著醉到迷迷糊糊的誌嘉，卻又不能對他生氣。幾位感情比較要好的同學們，都笑得很開懷，覺得這是無傷大雅的玩笑話。有位女同學出來幫他們叫計程車時，還附耳小聲問曉卉：「改天我再請教妳，要怎樣做才能放得開？」

坐在計程車上的曉卉，無法克制地捏了誌嘉的大腿，低聲埋怨他：「你好討厭唷，亂講些什麼呀！」但誌嘉顯然已經不省人事了，毫無反應。

直到隔天酒醒，誌嘉還不相信地問：「真的嗎？我哪有可能講出這種話？」曉卉嚇他說：「很多同學都幫你現場錄音了。」誌嘉還賴皮說：「我們實在太幸福，必然會令他們嫉妒。」曉卉擔心地喃喃自語：「好煩呀，那些臭男生一定會在背後說我是個表裡不一的女人！」

表裡不一？聽起來是個負面的評語。但年紀尚輕的曉卉，顯然還不能夠深切地體認：表裡不一，其實也可能是還不錯的生活態度。

力求表裡如一，避免內外不同

有位室內設計師朋友跟我分享他的經驗，現代人不愛整理東西，卻又偏好簡潔禪風的設計，碰到這種客戶，他就建議對方規劃一個儲藏空間，配上一個跟牆面同樣材質的大門，把所有雜亂的物品都隱藏在裡面，居家空間看起來就很清幽舒爽。

男人想要、女人該懂⑩親密關係
Intimate relationship of Men & Women

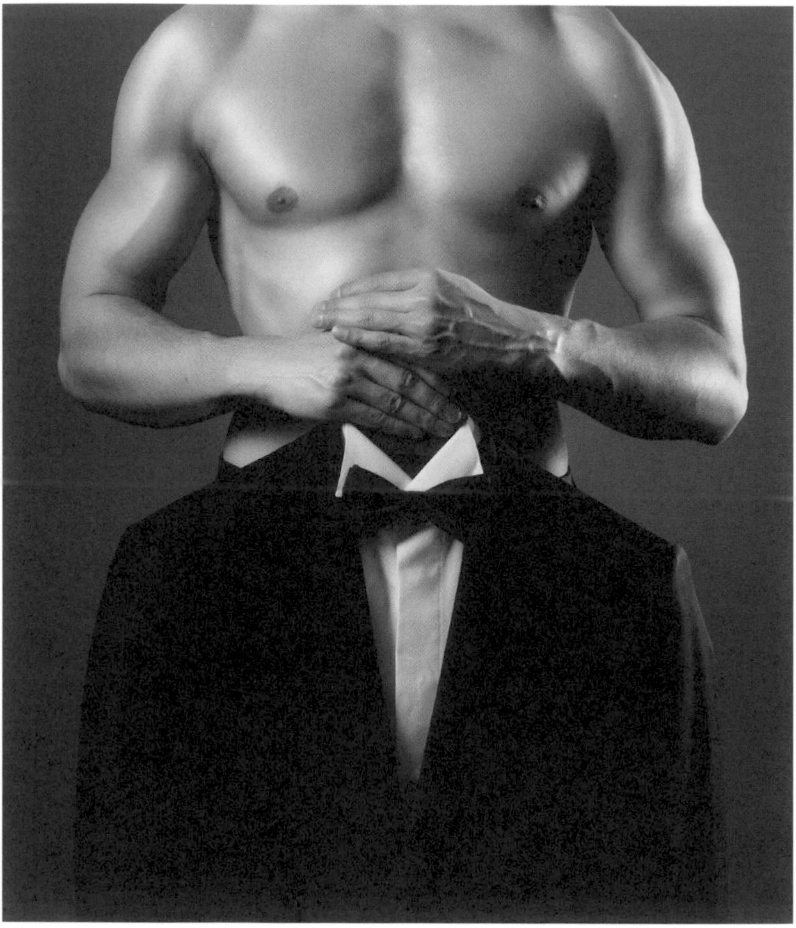

有些伴侶關起門來就吵架，卻在眾人面前刻意曬恩愛。看起來，的確有點表裡不一，但卻是經營幸福的重要方式。無論生活態度如何，「門面」還是很重要的。如果連「門面」都不在乎，那就是等同於是可以不要「尊嚴」了。所以說，在某些地方，表裡不一不僅應該要被接受，甚至還很必要呢！當然，如果他們可以力求表裡如一，那就更協調了。

跟「表裡不一」道理近似的，還有「內外不同」！不過，意義的差別很大。有些紳士淑女，外表打扮光鮮亮麗，很難想像他們的內衣泛黃，鬆緊帶幾乎要脫落，胸罩的鋼圈都變形了。

幾年前，一位知名的女性整形醫師就說過，她可以從顧客的內衣就一眼準確判斷出，對方是大老婆，還是小三。通常，「內外不同」落差極大，外表光鮮亮麗，胸罩卻發黃變形的，絕對是大老婆，難怪老公會偷腥。

針對女性的觀察是如此；回頭看看男性的穿著，也有類似的模式。在高級私人健身俱樂部擔任主管的開鵬跟我說，很多企業家來運動，脫掉西裝、襯衫後，穿著內衣褲的樣子，還真的令人傻眼，不知道該說他是過於節儉、還是沒時間汰換。

但是，開鵬也補充說，會有「內外不同」落差的男性，通常是很顧家的好好先生，貪玩的男人連內衣褲都很講究，無論品牌、款式、價格都絕對不平民化。

服裝儀容，關乎面子；
承諾責任，則是裡子

重視外在打扮而忽略內衣穿著的人，比較花心血去應付對別人的承諾，而不是很在意如何把善待自己當成該負的責任。服裝儀容，關乎面子；承諾責任，則是裡子。舉個截然不同的例子來說，逗弄別人的小孩時，感覺很開心，即使他哭鬧不休，都還是認為很可愛呀！但是，回到家抱自己的小孩，就感覺很疲累，加上他哭鬧不休，就會想要對小孩發脾氣。

這樣的「內外不同」並非虛偽，而是因為我們對別人家的小孩，可以不必有任何養育和管教的責任，所以能夠很輕鬆地表達友善與美好的態度；對自家的小孩，不但有責任，還會有期望，甚至連「愛之深，責之切！」的道理都可以冠冕堂皇地搬出來了。

大部分的人都沒有想到：**過度強調的承諾與責任，很容易在無形中傷害彼此的關係。**慶雄比一般人聰慧，聽完我的講座之後，舉手分享他的體驗。當他做義工去偏鄉社區照顧獨居老人時，超級有耐心；回到家裡侍奉父母，只要兩老有點嘮叨，他就會發脾氣。

解決方法是什麼？類似「易子而教」那樣交換父母奉養嗎？當然不是，而是要看清楚自己「內外不同」的原因，覺察態度的落差，調整對「責任」的想法，才能進而修正自己的言行。

當我們對待伴侶、父母、子女時，可以超越「責任」的負擔，而是全心的享受、全力的付出，沒有期待、不求回報時，才能擁有真正的親密關係。就像外表光鮮亮麗、內衣也乾淨舒適，在內而外的自信中，找回最親愛的自己！

天使臉孔
魔鬼心

想要避免犯錯，或傷害無辜，
就是要強化內心天使的能量，
讓它隨時可以勸退魔鬼的念頭。

老實說，信勇長得並不帥，三十歲之後身材漸漸走樣，連年輕時練的二頭肌都變成一團肥肉，唯一沒有改變的是：他還是非常熱中於追求美少女。

他該好好感謝天吧！因為事業發展不錯，錢財讓他散發物質的魅力，身邊總是不乏長得像漫畫中的美少女，依偎在他的臂膀，橫躺在他的胸膛。

他在閱人無數後，才終於看清美麗背後的真相：很多具有天使臉孔、魔鬼身材的女孩，往往在上過幾次床之後就露出馬腳。

親密的性愛關係，容易讓女性放下心防，天真地以為，反正我們都這樣裸裎相擁過了，還有什麼需要保留的？

其實，這個觀念真是大錯特錯！

男女之間的關係，無論發展到再怎麼親密的地步，都要留點神秘感跟想像力給對方。不要因為已經「看光光、摸透透」之後，就毫無保留地連最醜惡的一面，都當作是性愛的附贈品，讓對方輕易就一覽無遺，甚至還強迫中獎似的，不看都不行。這些負面形象都是抹煞幸福的黴菌，悄悄入侵彼此的親密關係裡，日積月累地造成雙方的嫌隙。

信勇曾經碰到一個女孩，本來講話細聲細氣，極有氣質；兩人在旅行中發生親密關係後，當天晚上就在他面前剪腳趾甲，隔天還會撂粗話罵人，把他嚇壞。另一個女孩在兩人剛開始交往的時候，強調女人獨立的重要性；兩情相悅地翻雲覆雨後，竟跟他要零用金，還擺明說這算是「夜渡資」，令他傻眼。

長相像天使的女孩，有時行爲表現像是被魔鬼附身

而比生活習慣不好、價值觀偏差更糟糕的是，具有天使臉孔、

魔鬼身材的女孩，連心裡裝的全都是魔鬼的想法，一旦和男人交往到比較深入的地步，就想要控制他的財務、阻斷他的人際關係、霸佔他的一切……這種兼具天使臉孔與魔鬼心的女孩，不是讓男人中邪般地屈服在她的迷你裙下，就是很快地覺醒後拔腿就跑。

有些女孩外表條件非常好，除了天使臉孔、魔鬼身材外，氣質和才藝都表現出眾。但是，在偶發事件中露出猙獰的本性之後，讓大家都跌破眼鏡——原來，她看似外貌溫柔，其實內心凶殘。

幾年前，震驚台灣社會的女藝人毆打計程車司機案件，就是很典型的例子。她平常上電視，所有的談吐都讓人多數的觀眾覺得很可愛，連分享酒後鬧事的經驗，大家都當場笑話在聽。直到和日本友人捅出紕漏，把計程車司機打成重傷，延燒成熱門的新聞事件，觀眾才覺醒：原來，她不只是擁有天使臉孔、魔鬼身材，喝醉酒的時候，連行為也會像著了魔般脫序。

有些朋友作風比較尖刻，還評論說：天使般的女孩，也有被魔鬼附身的時候。另一些朋友則認為，是她平時不但掩飾得太好、也演得很逼真，才讓別人疏於防備，只看到她像天使的樣子，沒有看到她的真面目。

雖然這些評論，說得振振有辭，但是對於她本人和家屬都是一種傷害。如果站在比較慈悲的立場，即使她已經犯錯犯法，固然無法脫罪，等法律的程序走完，社會還是要給她自省自新的餘地。退一步想想，我們在她身上學到什麼呢？她的家庭背景或是成長環境，如何形塑她變成這樣一個具備天使臉孔、但行為脫序的女孩？

根據媒體報導，她的父親來自黑道背景，辛苦的媽媽單親把她撫養長大，從小欠缺足夠的愛，過度沒有安全感，進入演藝圈後，又交上很多沉浸在「紙醉金迷」的朋友，很可能是她個性兩極化、心態不平衡的主要原因……

必須有足夠的愛與學習，
才能提醒自己表現天使的言行

以上這些理解，或許還是無法讓她獲得完全的諒解，因為世界上有比她更不幸一百倍的人，並沒有像她那樣蓄意傷人。這些成長過程被愛得不完整的人裡面，只有少數人變得手段凶暴，危害他人。

只能說，每個人的心裡，可能都有一個天使和一個魔鬼。必須有足夠的愛與學習，讓我們可以時時提醒自己表現天使的言行；稍有疏於防備時，我們就聽命於魔鬼的召喚。每個人多少都有過類似「想要亂丟垃圾」、「氣得想揍人」的魔鬼念頭，之所以沒有付諸實際行動，是內心的天使提醒：不應該那樣做。

想要避免犯錯，或傷害無辜，就要強化內心天使的能量，讓它隨時可以勸退魔鬼的念頭。**世界上沒有人是絕對的完美，或絕對的醜陋，好與壞、善與惡，只不過每個人面對內在的天使和魔鬼拔河的時候，是否可以讓天使贏過魔鬼的結果。**

有點軟弱相愛更久

相愛的兩個人之間，必須先有「個性上的獨立」，才能讓「心情上的依靠」產生愉悅，否則雙方都會覺得被控制，而且沒有安全感。

聽見媽媽說起鄰居夫妻離婚的消息，乃潔感到十分震驚。不久前還看到他們在陽台上卿卿我我，動作十分火辣，乃潔甚至留意到穿著內褲的男方，有很明顯的生理反應，讓未婚的她心中升起「只羨鴛鴦不羨仙」的念頭，怎麼事隔沒多久就演出勞燕分飛的戲碼。

乃潔的單親媽媽，顯然人生經驗豐富很多，她分析說：「很多夫妻都是故意裝出很幸福的樣子，刻意曬恩愛給別人看！」

戀愛次數有限的乃潔，很不能理解地問：「嚇人！怎麼會這樣？妳該不會是嫉妒人家才故意這麼說。」把口拙的媽媽，激得差點發飆。

媽媽說得沒錯，看似恩愛的夫妻，有某個比例是「金玉其表，敗絮其中」！但是，為什麼他們明明相處不睦，還要故意放煙幕彈遮掩呢？

心虛，固然是其中的原因之一。但是，表現心虛的動機，卻很複雜。

有時候，是因為其中有一方偷腥，所以故意積極展現親密動作，讓對方不要起疑。有時候，是因為雙方都想努力將殘缺的感情維繫下去，看看熱絡的肢體動作，能不能騙過別人，也催眠自己。有時候，是面子問題，替彼此保留尊嚴，以免被別人看出兩人的關係已經名存實亡。

承認軟弱才結婚，會相愛得比較久

以上這些動機，都是伴侶明明不愛了，卻還要故意曬恩愛的可能原因，乃潔想到另一實例。公司老闆包二奶，是眾所皆知的事情。年終尾牙時，老闆挽著大老婆出席，故意裝成很恩愛的樣子。大老婆還上台致詞，感謝老公和員工齊心努力，讓公司業績長紅呢！

年輕男女該了解的是：**所謂的「恩愛」，其實也沒有固定的形貌，千萬不要被外在的行為表現蒙蔽**。老夫老妻逛超市買東西，很少人會手牽手。碰到熟男熟女逛街還會手牽手，若不是特別恩愛，就是從外縣市跑來本地偷情的。

恩愛，若能符合「發乎情，止乎禮」的原則，比較容易把真正的幸福維繫下去。

聽完上述分析，乃潔長嘆：原來，很多人的婚姻有如樣板戲！她因此以為：經營婚姻，需要很多的勇氣！

認真說起來，或許沒錯，經營婚姻，需要很多的勇氣！但是，看過真正相處幾十年的老夫老妻，會發現另一個事實——與其在婚姻中使用大量的勇氣，不如趁早承認自己是因為軟弱才結婚。

晚婚的崑誠本來抱定獨身主義，決定自己一個人過一輩子！他當時是非常勇敢的單身漢，甚至非常鄙視婚姻制度。直到四十歲前後那幾年，父母相繼因病過世，弟弟得了大腸癌，一連串的突發事件，讓他深刻體驗人生的無常。

就在他最脆弱的時候，遇見婉慧，一個承認自己很膽小、很怕死，並且發願三十五歲前必定要生小孩的女子。她的出現，讓他重

新認識生命，願意承認自己渴望安定的軟弱，唯有如此謙卑的心，才能肯定對方在婚姻中的意義與價值。於是，他結婚了。

後來，當他在某個場合聽見辦公室的同事阿強說：「結婚，需要一點勇氣！」的時候，立刻以過來人的身分指正地說：「結婚，需要一點軟弱！」尤其，**單身漢走入婚姻，需要更多一點的軟弱，才能夠讓出彼此可以互相扶持的空間。否則，過度好強，硬碰硬，兩個人都很難幸福。**

「個性上的獨立」與「心情上的依靠」有很大的差別

結婚，所需要的軟弱，並非個性上的不夠獨立，而是心情上的相互依靠。個性不夠獨立的兩個人若結婚，對彼此都是個災難，常會處於指責對方的狀態之下，並且苛求對方的表現，想要求對方按照自己的期望付出，否則，就認為那不是愛。

已經三十歲的嘉琦，在職場上頗有女強人的架式，個性上卻十分依賴。婚後才發現她的丈夫義楷，也有同樣的問題。最明顯的衝突，發生在雙方行程的報備上。

嘉琪承認自己是個很沒安全感的女生，無論義楷去哪兒，只要不在辦公室，就要發簡訊通報。基於「雙方必須平等，才能互惠」的原則，義楷希望嘉琪同樣也能這麼做，卻遲遲沒有開口要求。他心想：「我不用說，她應該知道！」而她想的卻是：「他告知行程只是應付我，其實他並不關心我！」

這樣的誤會，夠深了吧！正好可以說明「個性上的獨立」與「心情上的依靠」有很大的差別。前者是：尊重並信任個別的行為；後者是：關懷並分享彼此的空間。

相愛的兩個人之間，必須先有「個性上的獨立」，才能讓「心情上的依靠」產生愉悅，否則雙方都會覺得被控制，而且沒有安全感。很容易落入「強索愛憐」與「沒有安全感」的惡性循環，雙方都痛苦。

懶女人更受寵愛

當她心情放鬆，看別人順眼，
不要以嚴格的標準要求伴侶，
全家人都變得可愛了，
世界在她眼中，沒有無法包容的缺點，一切都美好。

常在社區裡看見一些熟女，並非傳統「賢妻良母」的典型，家庭卻經營得相當幸福。雖然不必用歌功頌德的姿態給予稱羨的讚嘆，但至少值得好好研究一番，這些幾乎從不下廚做飯、不強調相夫教子、也不勤做居家打掃的太太們，為什麼始終臉上可以掛著一抹幸福的微笑？

就以年約四十歲的趙太太來說吧，她幾乎從不做飯，每天清晨都是由喜歡騎腳踏車的先生出去運動後，幫全家帶早餐回來，而且還會變換口味，咖啡或豆漿，漢堡或燒餅，任君選擇。

每天早上，趙太太從容地起床，梳妝打扮，然後和丈夫、孩子共進早餐，心情好極了的她，只要甜甜地對家人說：「老公，孩

子，你們都好棒！」就可以讓家庭充滿幸福感。

相對的例子，可能發生在多數的家庭中。太太總是最早起床，蓬頭散髮地對先生、小孩大呼小叫，甚至惡言相向，例如：「還不快起床。」「叫你早點睡，就是不聽。」「這麼懶散，沒出息，看你將來怎麼辦！」

儘管她做了早餐擺在桌上，三明治或稀飯，牛奶麥片或養生米漿，但是自己和家人已經都沒胃口了，不甘不願地打包，各自在上班上學的路上狼吞虎嚥。

她犧牲很多、自己以為付出得很甘願；可是日積月累下來，總是得不到家人的正向回應，就會弄得心力交瘁，言語和行為都像一隻刺蝟。

家有惡妻，幸福多！

有個已婚的朋友跟我說：「家有惡妻，幸福多！」原來，他所謂的「惡妻」，就是懂得「寬以律己」也「寬以待人」的女人。

這裡的「惡」並非壞到無藥可救，而是相對於傳統「賢」妻的概念，不會把自己繃得太緊。放下張牙舞爪的她，不覺得人生需要把自己搞得那麼累，能夠輕鬆過日子，雖不完美又何妨！

懶女人，更受寵愛。當她心情放鬆，看別人順眼，不要以嚴格的標準要求伴侶，全家人都變得可愛了，世界在她眼中，沒有容不下的沙粒，一切都美好。

家有惡妻，若能幸福，其中的關鍵原因，很近似於所謂的「傻人，有傻福」！因為，太完美主義的人，通常不只是自己追求完美，對於身邊相關的人與事，也會相對地要求完美。即使明明知道「嚴以律己，寬以待人」的道理，還是會給別人帶來很大的壓力。

試著想想看：一個對自己要求一百分的人，再怎麼對別人放寬標準，頂多退讓到八十分或九十分；他常常忘了自己好不容易妥協的分數，卻依然是別人無法企及的高標準。彼此之間認知的誤差，就是相處時不愉快的距離。

雅卉從小到大的表現都很優秀，已經過了適婚年齡，還是很難找到可以匹配的對象。很多人都以為問題出在她太傑出，能夠和她門當戶對的男人少之又少。可是，當你進一步問她想找哪方面的對象時，發現她對於學歷、收入，甚至是身材長相，要求得並不苛刻，但就是很難交往到合適男友。即使有過幾段緣分，也都相當短暫，可能不到半年就告吹。

追求完美的人，都很愛鑽牛角尖

深究兩人相處不來的原因，竟然是她太要求完美，連對方約會不小心遲到十分鐘、晚上忘了回簡訊就去睡覺、開車時被衛星導航誤導進入山區岔路……都能夠讓她聯想到這個男人不可靠，怎有辦法繼續走下去？

有些朋友聽到雅卉所舉出的實例，都會憑著直覺對她的感情問題做出很表相的診斷：「她在嫌棄他！」或許真的可以這麼說。但是，我認為更正確的描述是：「她很愛鑽牛角尖！」

幾乎所有在某個方面表現優秀的人，都有同樣的問題：**對每一件事情要求完美。他們忘記了一件很重要的事情：其實自己並不完美。**可能是害怕被別人看到這一點，所以才會無止境地要求別人。

我還曾經聽朋友講過一個資優女生，過了三十五歲還不肯輕易談戀愛的例子。她沒有交男朋友的理由，並非只是眼界很高而已，潛在的原因是她怕被對方發現自己並不完美。她一直覺得，不讓男人輕易得手，才能顯示自己的尊貴。

基於尊重每個人觀點都有其道理的立場，我不便有任何評論，只是想提出另一個觀點供大家思考：如果具備獨立思考與行動的能力，而且確定雙方是真心相愛，為什麼還要以「讓對方認為自己很尊貴」當作交往的條件？是不是心裡有些東西還沒有放下，以至於執著在很主觀的意見中，失去了其他很多的可能？

撐起女人的天空

這個時代給女人的空間，遠超過男人想要的發展。當很多男人還在追隨著傳統的腳步，圖謀升官發財時；愈來愈多女人能夠把興趣和職業結合為一。

當培昇看見女友雪莉穿著半透明的薄紗禮服，豐滿的乳房露出至少三分之一，險些就要走光了，還奮力搖擺身軀跳鋼管舞時，男人該有的生理反應和男友會有的心理抗拒，掙扎在他的眼神裡。

如同遠遠聽見台下群眾鼓譟的叫鬧，走近會場才能分辨出是熱情的掌聲。培昇對於此刻的景象，只能用如幻似真來形容。

雪莉本來的個性是很文靜的，有一段時間甚至因為迷上出租小說，邊看邊吃零食，缺少運動量而爆肥。和會出現在台上跳鋼管艷舞的女孩，完全身處不同的世界。

直到她發現經常找不到培昇，偶然間從朋友口中知道他沉溺在啤酒屋，為了看辣妹跳鋼管舞而流連忘返，猛然覺悟的她，採用了跟一般女孩大不同的策略。她不吵不鬧、也不禁止培昇去啤酒屋，反而丟開出租小說，偷偷跑去拜師學正統的鋼管舞。

三個月後，成績亮眼！當她穿著性感內衣，在臥房把培昇當鋼管，刻意跳艷舞給他獨自欣賞時，勾起他前所未有的熱情。那一夜，兩人激情翻滾，從床上到雲端，汗水裡的激情，濃烈到化不開。

大多數的男人空有力量，卻沒雅量

本來培昇以為雪莉對於鋼管舞的喜好，可以到這個階段就好。無論是想鍛鍊身材或體能，還是增加閨房情緒，應該都恰到好處了。誰知道雪莉對於舞蹈的熱情，一發不可收拾。她不只愛上流汗暢快的感覺，也迷上了被熱情的掌聲包圍。從臥房、舞蹈教室、到私人俱樂部的正式舞台……

當女人把自己的興趣變成專業，男人很難抵擋她勇往直前的決心與毅力。雖然，男人可以幫的忙或許很有限，但若願意安靜地陪

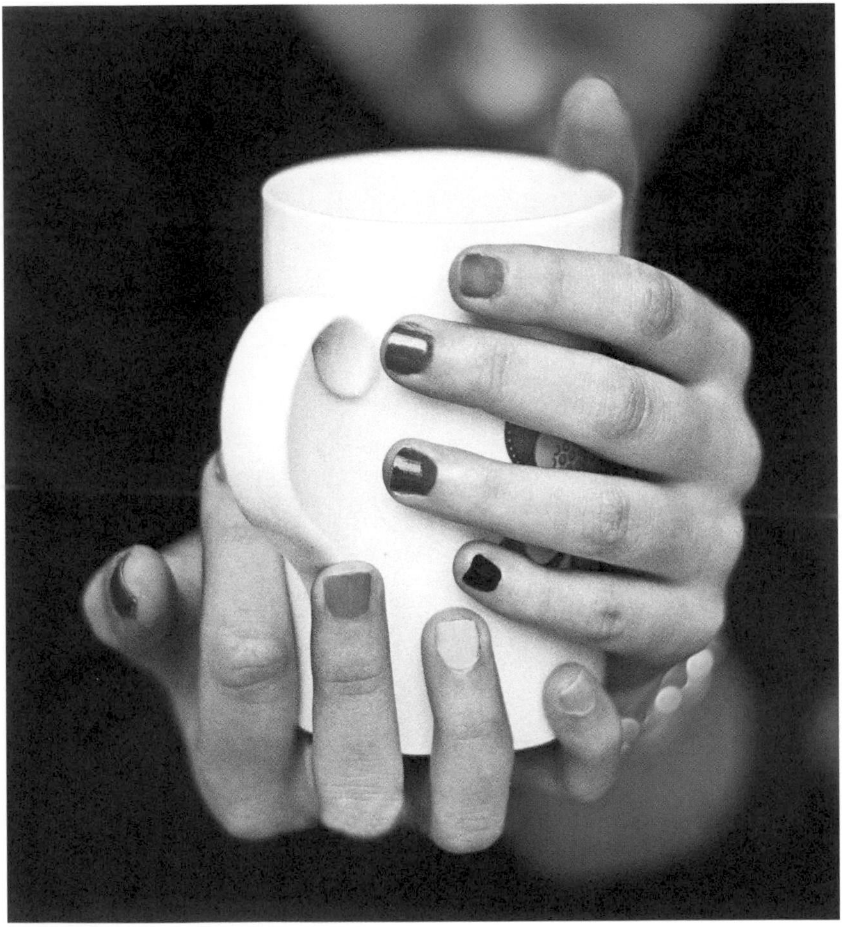

男人想要、女人該懂的親密關係
Intimate relationship of Men & Women

在她身旁，就是很大的支持力量。

可惜，此刻的培昇跟其他大多數的男人一樣，空有力量、卻沒雅量。他只准雪莉跳艷舞，給他一個人獨自欣賞。雪莉卻因為在舞蹈中找到自信，而不願被狹窄的愛情綑綁。兩個曾經相愛過的人，只能隔著舞台遙遙相望。

這個時代給女人的空間，遠超過男人想要的發展。當很多男人還在追隨著傳統的腳步，圖謀升官發財時；愈來愈多女人能夠把興趣和職業結合為一。

從「喜歡喝咖啡」到「開一家咖啡館」，是一段很遙遠的距離；就像從「知道」到「做到」，需要跨越很高的門檻。女人付出的毅力和努力，都很驚人。因為「業餘」和「專業」有很大差距，不只在於技術層面而已，截然不同的心態，需要更大的適應能力才有辦法突破。

本來雪莉去學跳舞，真的只是好玩而已。當初，並沒有想到會激發出潛在的興趣。舞蹈老師認為她很有機會往專業的領域發展，在鼓勵她的同時也分享了過來人的經驗。

舞蹈老師希望她有以下的心理準備：「專家」看起來的確比

「業餘者」更有專業上的技法與實力；但是，「業餘者」可能會因為沒有太多壓力，而更能夠享受本身的樂趣。兩者付出的代價不同，得到的成就也不同。否則，就是半瓶水，高不成、低不就。既沒有「專家」該有的權威，也沒有享受到「業餘者」應得的樂趣。

決定生涯發展，必須先分辨「興趣」和「專業」的不同

從小就很喜歡烹飪的彩屏，二十幾歲就已經有能力在租來的小公寓「辦桌」請客了。

幾位主管嚐過她的手藝，無論中西料理都讚不絕口，有意投資她開餐廳。

彩屏是個很幸運的女孩，連男友都鼓勵她可以往廚師的方向走。惟獨她自己的想法很不同，認為把做菜當興趣會比較快樂，若是變成職業，她可能會因為壓力而不開心。

後來，大家都很尊重她的想法，沒有再提要她去開餐廳或當主廚的事，反而可以不定時接獲邀請，吃到她的創意料理。

當然，受惠最多的是她的男友，得了便宜還賣乖地摸著日漸豐潤大肚子說：「都是她啦，每天把我當成豬一樣餵食，害我變得這麼胖！」

幸好有路見不平的親友幫忙反擊：「沒聽過哪家的豬，吃得這麼好！」讓彩屏聽了開懷大笑。

聽我提到「興趣」和「專業」不同，常在朋友之間自誇體能很好的小孫，跟著開玩笑說：「難怪我只能對女友效力，沒本事當牛郎！」這個類比，實在不倫不類，但也挺有道理。無論做什麼事，開始投入之前，還是要想清楚。

當男人願意讓步成全，或主動幫忙女人撐起屬於她的一片天空，就可以支持彼此的心靈，獲得更豐厚的幸福力量。

幫女友買性感內衣

有些東西是兩性差異之下的購物地雷，男人可以出錢、也可以陪女伴去，最好不要自己私下偷偷買來給她。

幾年前到美國出差，同事是個已婚男性，也是全辦公室公認的好人，下榻飯店後急著找超市，因為老婆交代他要買某個品牌的衛生棉，台灣沒有進口，於是他竭盡所能地前往超市蒐購，塞滿了整個行李箱。

幫太太買衛生棉！這個新好男人的事跡，頓時成了很多已婚男的典範。回台灣之後，還是辦公室茶水間津津樂道的熱門話題。男主角卻出奇平靜：「這有什麼嗎？我老婆都說，這是我應該做的呀！」

男人替心愛的女人做很多事情，她本人未必會感動；可是，聽在別人耳裡，就變得十分難能可貴。只因為太太覺得這是舉手

之勞，根本談不上是什麼豐功偉績；旁人卻覺得「衛生棉」非同小可，愛面子的男人絕對做不到。

接下來的評論就見仁見智了。有些男人說，這玩意兒太私密，除非是臨時有急用，才願意英雄救美。有些女人說，絕對不會交代男人去買衛生棉，既怕他搞不懂而買錯、也不願意自己的私密用品透過男人代勞。無論別人的看法如何，願意幫老婆買衛生棉的男人，個性很體貼，總是錯不了！

男人幫女人買東西，要特別留意地雷

不久之後，有個年輕未婚男同事，試圖東施效顰，卻把事情搞砸了。

他幫女友買性感內衣，而且還拿來當作生日禮物。光是購買的時候就很尷尬了，因為是生平第一次做這樣的事，他的態度有點扭捏，差點被熟女櫃姐誤認為是變態的色狼。尤其，他的女友屬於心寬體壯型的小胖妹，腰圍跟他很接近，熟女櫃姐還調侃他：「你該不是買回去自己穿吧！」讓他的臉紅到脖子上，搭手扶梯下樓時，都尚未消退。

而更慘的是，收到生日禮物的女友，不但沒有感到驚喜，還把他罵了一頓：「大變態！你幫我當檳榔西施嗎？還是你想玩角色扮演？」

可見，想要主動幫女友或太太買私人的用品，還是要先問清楚再付諸行動。該問清楚的，不只是品牌、規格、價錢，最重要的是：她的意願。如果女人根本不想透過男人買這些東西，男人還是不要太熱心！

女人的確喜歡男人送她東西或幫她買東西，只要男人的動機良善，是想要取悅她的，都可以為感情加分。但是，有些東西就是例外，很可能是兩性差異之下的購物地雷，男人可以出錢，也可以陪女伴去，但就是不要自己私下偷偷買來給她，才不會弄巧成拙，預期中的驚喜沒有出現，反而因為驚嚇而傷害彼此關係。

哪些東西是女人期待男人可以幫她買的呢？（前提是：不能買錯品牌和規格，價錢也要合理。）舉凡很難搬運的民生日用品，包括：洗衣精、奶粉、米糧……男人願意出錢出力，女人絕對來者不拒。

單價高、學問多的３Ｃ產品，理所當然地在「女人希望男人買給她」的這項清單裡。不過，因為現在廠商很聰明，會特別為女

性設計不同顏色或款式的3C產品，男人在購買前，最好先溝通清楚，以免發生「用心取悅不成，變成無理取鬧」的憾事。

男人永遠搞不懂，貓跟Hello Kitty有什麼不同

有個男性朋友，存了半年多的錢，買一部S牌相機，送給女友。自作主張買了桃紅色的機身，偏偏女友很不喜歡這個顏色，覺得它很俗，硬是要求他拿去換暗紫色的。店員本來堅持產品已經拆封，而且沒有任何功能故障，不同意更換，後來店長看他們情侶吵得很難看，將心比心，用了特案的方式幫他處理，才驚險過關。

女性對於很個人化的私人用品，例如：內衣、化妝品、首飾等，通常並不希望男人自作主張，尤其像胸罩、戒指、皮鞋這類產品，若沒有親自到現場試穿或試戴，很難決定要買哪一款、尺寸也未必合身，買錯了要再去退換，難免有點掃興。

很多女性朋友私下跟我透露，抽屜裡有些從來不曾穿戴過的東西，都是這樣來的。為了不讓送禮的男伴傷心，她們接受禮物時還故

意表現很開心的樣子。熟女筱歡甚至直言：跟偽裝性高潮沒有兩樣。

男人的熱血熱腸，最好還是要用對地方。千萬不要自作主張、埋頭苦幹，才能避免效果適得其反，而讓感情受傷。

而女人若不想在收到禮物為難，變成收不下、退不成的苦主，建議妳事前就把男人訓練得聰明一點，至少告訴他，妳喜歡什麼、討厭什麼。尤其愛貓的女人，若是討厭Hello Kitty一定要早點說；否則，男人永遠搞不懂，要如何分辨貓跟Hello Kitty，有什麼不同？

允許他自得其樂

通常，男人性幻想的對象，
多半是A片女主角，而不是他最愛的女友或老婆。
這完全無關於愛或不愛，
只不過就是男人在一時性衝動之下，很本能的生理反應而已。

那天郁蓉在出發旅行之前，正巧發現每個月都會拜訪她一次的「好朋友」突然提早來，晚上住進飯店，表明無法應付慾火焚身的晉松。當男人的身軀非常亢奮時，內心千奇百怪的想法也很多。他在床邊看限制級影片自得其樂，最無法克制的一刻到來，他狂野的吼叫，只能用「響徹雲霄」來形容。

郁蓉剛開始的時候覺得很變態，但為了克盡身為女友的職責，也不想讓他掃興，還是默許他勉強配合。很意外他可以如此投入，還展現了前所未有的爆發力，搞不清楚自己吃的是哪門的醋，酸溜溜地說：「有沒有搞錯啊？感覺你看AV女優，比跟我在一起做時，還要更興奮！」

交往一年多，進行過無數次的親密關係，晉松走到這個階段才坦承：「其實我比較喜歡自己來！」聽得郁蓉臉上不由自主地出現三條線，這男人似乎有些令人難以理解的怪癖。

「所以呢？之前你跟我在一起時，都只是賣力演出而已嗎？難道你都沒有感覺唷？」郁蓉是個保守的女孩，並不想談這些細節，可是她想問清楚，以免將來結婚後彼此懊悔。

「也不是啦，妳知道的，那是不同的感覺。」晉松很努力要解釋，但似乎愈描愈黑了。最後只能搬出印象中在雜誌上看過的文章所書寫的理由替自己脫罪。「在我跟妳交往之前，不就是要靠自己才能解決嗎？或許是習慣了吧……」

親密關係的互動，沒有標準流程

度過那漫漫的長夜，旅行結束之後，郁蓉急著想問問姐妹淘的意見。男人明明有女友，為什麼還要自得其樂，這不是太奇怪了嗎？沒想到幾位女性朋友回饋給郁蓉的意見，都非常另類。包括：

「總比他劈腿好吧！」「讓妳樂得輕鬆也不錯呀！」「他又不是永遠都不跟妳做，妳不方便時，他才自己來，有什麼關係。」

一時之間，郁蓉突然覺得，身邊每個朋友都比她更懂得正面思考。關於親密關係的互動，果然是很個人化的問題，沒有標準流程，也沒有制式答案。

無論「變裝癖」、「戀襪癖」、「角色扮演」，只要你情我願，沒有犯法，誰也不能批評。最後還是回到自己身上，能不能尊重與配合，才是決定要不要繼續在一起的關鍵。

郁蓉的顧慮，對她而言的確是個困擾；但是，好友姍姍聽了，卻覺得她是庸人自擾。因為工作的關係，姍姍和男友民鎮分隔兩地，談遠距離戀愛，持續兩年多，平均三、四個月才能見一次面，多數的時候，都要靠視訊聯絡感情，連性愛也不例外。

若非真的愛到深處，叫姍姍透過電腦螢幕，看活生生的男人自得其樂，豈不是噁心作嘔？但就是他們彼此關心，並且把視訊做愛當成紓壓的方式，所以雙方都很樂在其中。他們還為此想了密碼叫做「雲愛」，美其名是應用雲端科技達到親密關係的虛擬互動效果，增加相愛的幸福。

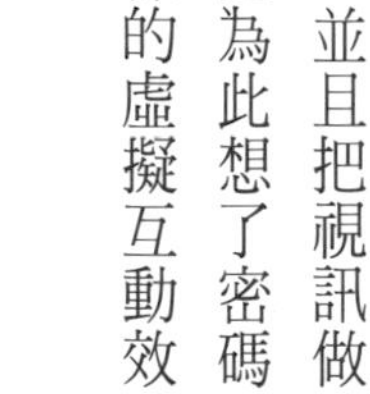

有時候，在網路連線過程，訊號中斷，或是當其中一方無法上網，而民鎮就是忍不住要自己來，事後姍姍還會問他：「你性幻想的對象，是不是我？」重視親密關係的民鎮，說起情話時，嘴巴很甜，碰到這種帶著質疑的問題，總會溫馴地回答：「妳當然是我唯一的性幻想對象。」彷彿在宣示忠貞般，十分認真。

男人會承認自己在自得其樂時，會想著女友，表示兩人的感情真的很好。通常，男人性幻想的對象，多半是A片女主角而不是他最愛的女友或老婆，這完全無關於愛或不愛，只不過就是男人在一時性衝動之下，很本能的生理反應而已。女人若要計較男伴在性幻想的對象究竟是誰，這才是自尋煩惱呢！

聰明的女人，要在男友痛苦中適時放手

想要認真判斷，跟這個男人在一起會不會幸福？女人該關心的，並非「他性幻想時，有沒有想我？」而是「他在最開心或最難過的時候，會不會想到我？」

如果男人在最開心的時候會想到女伴，而且迫不及待地想要跟她分享，他真的很愛她。倘若男人在最難過的時候會想到女伴，並且不由自主地想要向她訴苦，很難說這樣的感情是不是愛，只能說他很需要這個女人，甚至是非常依賴她。

偏偏，女人比較迷信自己被男人需要；所以，假設上述兩個選項，必須兩者選一，女人都希望自己可以出現在男人受苦時的腦袋裡。然後，她會扮演救世主，適時對他伸出援手。

他性幻想的對象，可以不是我！但是，當他難過的時候，不要隱瞞，讓我可以陪他度過難關！這是傻女人的心聲，甚至是自找委屈。

聰明的女人，要懂得在男友痛苦中適時放手，但不要錯過和男人度過他這一生最光榮、最開心的時刻。

永遠不要忘記，男人是愛面子的動物，分享他成就時的榮耀，會比拯救他脫離苦海，更令他感覺快樂，並且願意付出，兩人的幸福，才會更加長久。

發喜帖給前女友們

結婚，頂多只是階段性的任務，想辦法和他相處下半輩子，才是更有挑戰性的目標。

在辦公室內被稱為「唯一名副其實的大帥哥」的牧豪，終於要結婚了，同仁獻上祝福的同時，不免也為他捏把冷汗，發喜帖的時候，該如何處理眾多前女友？幾個交情比較好的哥兒們還戲稱：「千萬別找我當招待！怕你的那些前女友來鬧場，我沒辦法應付！」

牧豪被糗得臉紅，但他心底很清楚，這些同仁和好友都多慮了，想像中的尷尬場面，並不存在。他不但親手寫喜帖、還一一打電話，慎重邀請前女友，確認共有六位要出席，他並且貼心地為這些前女友安排適當的桌次，以便可以有其他熟悉的好友陪她們說話。

從婚宴邀請前女友出席的這些細節，不難發現：牧豪個性體

貼、思考周密，雖然不至於過度完美主義，但是對於能力範圍內可以做到的事情，還是希望盡量讓它圓滿。

由此推理，他當時和這些前女友交往的時候，也是秉持著這種態度和對方交往。甚至在處理分手的時候，必定同樣地面面俱到；否則不可能和幾位前女友都保持這麼友善的關係。

這個邏輯對了一半，另一半的原因是牧豪真的是「唯一名副其實的大帥哥」，和幾位前女友的交往，並非出於自願，而是對方過度主動的追求，他在盛情難卻的狀況下，答應和她出去喝杯咖啡、吃頓飯、看場電影，幾次約會之後，就發現彼此並不合適，緊急踩煞車，所有過程都維持男人該有的君子風度，而且段落很清楚，完全沒有劈腿，才能夠逃過「始亂終棄」的批評，彼此和平分手。

條件好的男人，有很多女人搶著要

大約只有半數的前女友，確實有和牧豪深入交往，其中有一位，還曾在懷孕後不小心流產過，共同經歷許多深刻的生命階段，無論當時的處境如何艱困，因為彼此都真誠付出，而在分手時無怨無尤，還能相互祝福。

很耐人尋味的是，這些前女友分手一段日子以後，都會希望繼續跟牧豪做個可以彼此關心的普通朋友，把感情的層次昇華到像家人一般，而且都會冒出這句話：「結婚的時候，一定要通知我！」於是，牧豪信守承諾，在婚宴時邀請了六位前女友出席。

相對之下，一般男人對「結婚時，會不會邀請前女友來喝喜酒？」這個問題，總是猶豫很多。不只要考慮過去那段「慧劍斬情絲」的過程處理得好不好，還要顧慮新娘的感受！就算男人的心裡非常坦蕩，而且確定對方不會來鬧場，還是難免會擔心：萬一老婆胡思亂想，甚至為此生氣，該怎麼辦？

對牧豪而言，結婚需要得到大家的祝福，當然也包括前女友的祝福，只要彼此的心中，沒有愧疚與芥蒂，就應該可以分享幸福的喜悅。至於老婆大人那邊，很多男人認為未必要讓她知道所有的過去，牧豪卻獨排眾議，他相信自己娶到的是能夠接納這些情史的賢妻。

講到這裡，就不得不佩服新娘語萱的想法，或者應該說是她的心機。語萱在和牧豪交往之前，早已聽聞他的情史非常豐富。在她的觀念裡，**條件好的男人，本來就是很多女人搶著要。重點並不只是他最後被誰搶到，比這個更重要的是，誰能在搶到他之後，把他留得最久。**

感情處理方式，存乎一心而已，沒有絕對的標準

結婚，頂多只是階段性的任務，想辦法和他相處下半輩子，才是更有挑戰性的目標。如果連對方已經成為過去的情史都不能接納，不只是小鼻子、小眼睛的器量問題，而是受限於不肯面對現實的固執愚蠢，讓自己失去更多幸福的機會。

語萱比其他女孩看得遠、想得通，所以在牧豪面前表現寬闊的胸襟，同意他邀請前女友參加婚宴。

表面上看起來，是她很有氣度，可以接納伴侶的情史；然而深究骨子裡，是她想讓一切可能的關係都化暗為明。甚至，讓這些前女友在見識她和牧豪的幸福之後知難而退，不會存在任何一點想要繼續糾纏的念頭。

關於處理感情的具體做法，有時候還真的是存乎一心而已，沒有什麼絕對的遵循標準。很多人都說牧豪和語萱處理婚宴的方式，邀請前女友參加酒席，走的是一步險棋，但是對於雙方來說，都認為這是比較有勝算的共識，就可以毫無異議地決定這麼做。至少，以短視近利的眼光來看，多收點禮金總沒有錯。

而且，說歸說，邀歸邀，對方也不一定真的會出席結婚酒宴。倘若禮到人不到，算是這對新人賺到；萬一對方真的落落大方現身，新人也不必小氣，何不就勇敢接受祝福，敬杯喜酒讓舊情兩相忘於江湖。

謝謝你正在愛著我

兩人的感情，需要彼此的感恩，才能維繫長久。尤其，婚姻裡的感謝，必須是雙方面的、也必須是對等的。否則，基於自卑的感恩，就算持久也太委屈了。

幾乎不參加婚禮的我，曾在多年前為了鼓勵一個「重量級」的女孩，而前往她舉辦喜宴的會場送禮。本來想說遞個禮金就離開，意外聽見她在台上致詞說：「謝謝你願意娶我！」然後就哭了。全場賓客給她熱烈的掌聲。即使隔著一面牆和走道，我都可以聽見滿滿的祝福。

從投影的大螢幕上，我瞥見她滿臉的淚痕，新郎緊緊擁抱著她。當時我刻意拖延了幾分鐘，好想聽見新郎也能立刻回答她：「我也要謝謝妳願意嫁給我！」可是或許是因為他緊張或口拙，還是婚禮安排的節目緊湊，我一直沒有聽見這句話，因此很心疼她。

因為體重比較有份量、身材比較寬厚，她還滿自卑的。

儘管我之前就對她說：「只要健康、有自信就好，有些男孩是喜歡胖女孩的！」她還是不肯相信，總認為我在安慰她。直到這個精瘦的男人出現，熱烈地對她展開追求，讓她享受到前所未有的幸福感，她才漸漸相信：胖女人也可以有幸福。

論及婚嫁後，男女雙方的親友團中，難免有些雜音，連「大象新娘嫁猴男」這樣的評論，都會出現在茶餘飯後的閒談中。

儘管我知道她心中，對這段感情很珍惜，對兩人能修成正果也非常感恩，但多少還是有些委屈及隱忍。每當覺得自己沒有被公平對待的時候，她都會忍住氣，安慰自己：「妳這麼胖，還有人願意娶妳，就不要太計較了！」

真正的幸福是，謝謝你正在愛著我

有一次，她還問我：「吳大哥，你覺得我能這麼想，是不是EQ比以前好？」

其實，我真的很佩服她的理智和忍讓，也不會反對她在逆轉情緒時自圓其說。兩人的感情，需要彼此的感恩，才能維繫長久。尤其，婚姻裡的感謝，必須是雙方面的、也必須是對等的。否則，基於自卑的感恩，就算持久也太委屈。

默默付出，悄悄隱忍。熬過許多委屈的她，在結婚三年以後的某一夜裡，老公急性感冒住院，她不眠不休地照料，還要兼著帶小孩，終於等到老公遲遲地說出：「謝謝妳願意嫁給我！」據說，那個晚上她哭得比婚禮時更感動。

曾經有一首流傳很久的歌曲〈謝謝你曾經愛過我〉。對於無緣的情人來說，這真的是很深刻的喟嘆。但是，如果某些情人分手以後，嚴格檢討這句話的意涵，可能也很容易陷入「擁有時，沒有好好珍惜；失去時，才會覺得可惜！」的心理情結。

為什麼不是戀愛進行式的時候，謝謝你正在愛著我；而是分手後才謝謝你曾經愛過我？

彥橋和女友晨舫分手半年多以後，甚至自己都已經結交新女友，才忽然間從心底冒出這句話：「謝謝妳曾經愛過我！」他很後悔當時沒有好好體會及珍惜晨舫對他的付出，甚至把她的付出都當作理所當然。

他記得有段時間因為準備公職考試，幾乎整天宅在家裡，三餐沒按時間吃。晨舫無論加班到多晚，回家前都會繞到夜市，幫他買他最愛吃的水煎包和魷魚羹。有時候，他還會因為準備考試壓力大，無故就嫌她買太多，或說她為了響應環保不拿免洗餐具，搞得還要洗碗等……事後回想起來，非常後悔。因為，他知道晨舫是真心為他好；而他連晨舫愛吃什麼都不知道。

爲心愛的人付出再多，都不足掛齒

彥橋的覺悟，傳到晨舫耳朵裡，遺憾多於感動。善良的晨舫還很心疼，推測彥橋應該是沒有能夠從新女友身上得到相對的服務，才會懷念起這些瑣碎的事情。對晨舫來說，為心愛的人付出再多，都只是舉手之勞，完全不足掛齒。不過，她的確發現，兩人交往的時候，彥橋從來沒有對她說過任何一句感謝的話。

或許，很多人認為情侶之間的感謝，沒有必要常掛在嘴巴上。但若從來不說，至少要用行動表示，否則就很容易被解讀為「理所當然」。如果相對都有在持續地付出，可能還不是大問題；假使只是單方面的付出，另一方都在坐享其成，感情遲早會出問題。

所謂對等的付出，相互的感謝，並不是要稱斤論兩，比較誰做得多，誰拿得少，而是一種全心全意地對待，徹頭徹尾的明白。付出與感謝，得以及時在彼此間交流，愛就不會輕易離開。

國家圖書館出版品預行編目資料

男人想要、女人該懂的親密關係 / 吳若權著 .-- 初版 .-- 臺北市：皇冠．2013.12
面；公分（皇冠叢書；第 4353 種）
（吳若權幸福書房；03）
ISBN 978-957-33-3036-3（平裝）
1. 兩性關係

544.7　　102022959

皇冠叢書第 4353 種
吳若權幸福書房 03

男人想要、女人該懂的親密關係

作　　者—吳若權
發 行 人—平雲
出版發行—皇冠文化出版有限公司
台北市敦化北路 120 巷 50 號
電話◎ 02-27168888
郵撥帳號◎ 15261516 號
皇冠出版社（香港）有限公司
香港上環文咸東街 50 號寶恒商業中心
23 樓 2301-3 室
電話◎ 2529-1778　傳真◎ 2527-0904
責任主編—盧春旭
責任編輯—許婷婷
美術設計—王瓊瑤
著作完成日期— 2013 年 6 月
初版一刷日期— 2013 年 12 月

法律顧問—王惠光律師

讀者服務傳真專線◎ 02-27150507
電腦編號◎ 545003
ISBN ◎ 978-957-33-3036-3
Printed in Taiwan
本書定價◎新台幣 300 元 / 港幣 100 元